日本でいちばん簡単な

マルセイユ版
タロットカードの
教科書

立夏

はじめに

ジプシーカードやオラクルカード、ルノルマンカード等、様々な占いカードが活躍していますが、その中で一番認知度が高い占いカードが、タロットカードでしょう。

さて、タロットカードには2つのタイプ
・カードの意味が絵で表現されたウエイト版タロット（ライダー版タロットとも言います）
・抽象的マークと数字がカードに描かれている、トランプに似ているマルセイユ版タロット
が、存在します。

日本に最初に輸入されたのが、ミューラー社製マルセイユタロット（別名1JJスイスタロット）ですが、日本で最も多くのタロット勉強中の方が手にするのが、ウエイト版タロット、と言う訳です。

あなたがプロの占い師を目指す方だとして、そのどちらかを手にするかはお任せします。

重要なのは「カードの意味をどう覚えるか？　解釈するか？」です。

几帳面な日本人にありがちの、

「教室に通い先生の教えをノートを取り、専門書を購入し、これらを丸暗記せねば」

という勉強法ですが、私は予言します。この勉強法、現場に立った時、絶対失敗します。

現実世界に存在する悩みはあまりにも多岐で闇が深く、善良で繊細な占い教室の先生方には想像も出来ない事象についての相談が、実際の占いブースに多く持ち込まれます。

カードの教科書に答えを探そうとしても、ぴったり合致する答えなどありませんし、教室で習った通りの受け答えをしても相談者さんが満足する事はまれでしょう。

よく言われることは、

「占いを習ってプロで食っていける占い師になれるのは、千人に一人」

とは、こういう部分なのです。

もちろん、こういうきちんとした先生のもとで勉強した生徒さんなら
「箱の中身は何ですか」や「当たり馬券の数字は何?」という当て物ならぴたりと正解を出せます。けれど、悩み相談と言うのは大体が人間関係のほつれがほとんどで、そうなると繊細な神経の占い師さんはもうお手上げ。

頭が考えることを拒否してしまうのです。

習ったカードの意味を思い出し、口に出すも、相談者は怒ってしまう事がしばしば。

ではどうすれば良いかと言いますと、

「カードの意味の暗記はやめる」

「大体のイメージで感じ取る」

事をお勧めします。

次に使用するタロットカードは、マルセイユ版をお勧めします。

確かに40枚のカードがマークと数字のみで構成されたマルセイユ版タロットは、扱いにくい印象を人に与えます。占い初心者が、カードの意味を絵で表現するウエイト版を重用するのも納得です。

しかし、マルセイユ版にはウエイト版にない強みがあります。

「絵柄が抽象的ゆえに、カードのイメージを広げやすい」

プロの現場で最大の武器となるのは、自由な想像力が有るかどうかです。

「カードの意味の丸暗記ができない、カードの意味を覚えきれない。自分にはプロの占い師としての適性がないのだ」

落ち込まなくて結構です。

返答に困るような扱いが微妙な相談も、柔軟な思考さえ持っていれば、相談者が納得する答えをカードから引きだす事が可能です。

そもそも、現在のカード解説書に表記の「タロット古代の叡智説」疑ってかかるべきだと思います。

昭和に出されていたカードの解説書では、

「タロットは遊戯用のかるたから生まれた占いカード」

堂々と書いてあるからです。

遊戯道具であったタロットが、いつの間にか神聖視されるようになったのは次の事が原因です。
・タロットカードの意味は、ごく一握りの海外文学研究者しか知らなかった。
・魔術結社が、タロットを魔術のツールとして位置付け、換骨奪胎してしまった為。
日本に最初に輸入されたマルセイユ版タロットカード、これは簡素で原初で至高のタロットカードと呼ぶべきでしょう。

実際、タロットの研究者は、そのほとんどがスタート時はウエイト版から入り、途中からマルセイユ版に切り替えて行くケースがほとんどです。

理由はマルセイユ版の方が、当て物や人探し、失せ物、等々、物質的な質問には高い的中率を見せるからです。

目次

タロット　初心者ほどズバズバ当てる神秘のカード

「タロットは閃きを第一に占うべき。解説書の文言に囚われ過ぎてはいけない」とは、あらゆるタロット研究家が述べています。

通常の占いは教室や専門書を読み、基礎知識を積み重ね、現場で応用力を付けてから初めて、一人前の占い師を名乗ることができるのに対し、タロットは全くの初心者であってもセンスさえ持っていればすぐに占い師を名乗れます。

また、大人のオカルト研究家よりも小さな子供の方が、高い的中率をみせるとも言われています。なぜなら子供には、「自由な想像力」と「社会常識を知らない」という武器があるのですから。

それは私がプロの占い師になりたてほやほやの時期に体験したことです。

都心のデパートの占いブースに、ピンチヒッターで出ることになりました。一緒に組む事になったのは、東洋占術何十年かのベテラン占い師のおばさま。この方、少し前から泥縄式でタロット占いを始めた方でした。聞けば世の流れに逆らえず、お客さんが古臭いといって東洋系占いから離れ、タロット占いの占い師に流れて行ってしまったのだとか。これではいけないと、本屋からタロットカードと解説本を購入し、脂汗を流し占います。とはいえ、泥縄式では客との鑑定も上手くゆくものでもなく、ブース越しに

「本読み上げるだけなら、私だってできるわ」のお客様の声が何度か響きます。

「だけどね　本にはこうして書いてあるのよ」

「そんな答え、私は求めていません。帰ります」

何度もお客様とそのようなやり取りを繰り返し、ブース越しにピリピリした空気が伝染し。

夕方ごろ、おばさま占い師はしびれを切らして、解説書を机に軽くたたきつけます。

「えい！　解説書の通りに喋ってもうまくいかないなら、あてずっぽうで喋る事にするわ」

さあ、ふっきれてからおばさま占い師は、お客さん相手に勢いよく喋りまくります。

「あんたの旦那、女がいるよ。ほら、裸の女のカードが出たじゃない」

「この問題は未来こうなるよ。理由？　あたしがそう感じたからだよ」

これはこれで、脇で聞いているとひやひやするのですが、あてずっぽうで占い出してからの方が、客の反応が全然いい雰囲気。

1日が終わって見たら、おばさまのブースは夕方から夜にかけて、お客さんがひっきりなし。

原因はわかりませんが、お客さんが友達に「あたる占い師がいた」と教えたのではないでしょうか？

さて、このおばさまは、確かにタロットの知識は全くありません。しかし東洋系占い師としての経験が豊富で、

「お客さんの人相を見ていれば、今財布の中にいくら残っているのか、いくらまで延長料金設定していいのか、全部わかるの」

豪語する、いろいろすごい能力をお持ちの方でした。

閃きを人間に求めるタロットカードを、直観が強く働き、カードの知識が真っ白な人間が持った場合、すさ

まじいパフォーマンスを発揮するという良い例です。

「真っ白な状態で占う」

と言いましても、これがなかなか難しいことです。

子供は想像力が豊かなので、占いの結果、たとえ今が真夏でも
「明日は大雪です」

と、カードの意味の通りにしゃべります。

しかし、大人は色々知恵がついてしまい
「カードではこのように出たが、そんなことが起こるわけがない」

と、常識的な答えを採用します
また、閃きというのも、体調や精神状態などで急に吹き飛んだりします。

ベテランのタロット占い師はその部分をいやというほど判っているので、直観が働かなくなった時の為に、基礎的なカードの意味や神秘学の知識を、頭の中の引き出しにしまっておくのです。

ところが、タロットの研究は諸刃の剣で、程々の地点で終了すればいいのに、研究すればするほど、理論追及に熱が入りすぎ、自由な想像力が「常識」という鎖に縛り付けられるという悪循環に陥ります。

タロットの勉強をする時は、本を読む事も大事ですが、偏った思考に陥らないため、広く浅く色々な知識を身につけましょう。

定期的に占い以外の事に夢中になって、頭の中を空っぽにしてください。

マルセイユ版タロット　誕生するまで

始まり

現在、タロットカードの最古の物として認識されているのは、十四世紀にイタリアの大貴族ヴィスコンティ家によって制作されたスフォルツァ版タロットだとされています。

天下のヴィスコンティ家ならではの、絵師に命じて一枚ずつ金泥を使い寓意画を描かせた贅沢なカードです。描かれた内容は、神話や自分達の先祖の英雄譚の一シーンであり、用途は占いではなく、「貴族の子弟として身に着けるべき振る舞いや道徳心」を、覚えさせるのが目的でした。

当時は、王族と言えども本が読めない人が多い時代でしたので、カードの絵柄を見て、これは神話のあのシーンだ、とすぐ思い浮かぶ人はごくわずかであった事でしょう。

この為、当時タロットで遊ぶ事ができる人というのは、教養があり、高価なカードを購入できる人と限定されたため、イタリアでもごく少数であったと言われます。

こうして誕生からしばらくは、タロットカードの存在は、ごく一部の人しか知られていませんでした。

貴族達が我が世の春を謳歌していた時代の後、ヨーロッパ全土をペストの恐怖が襲います。

これは従来の、教会を中心とした封建社会を揺るがす大事件でした。

発症からわずか数日で、肌が黒ずみ死んでゆく、原因不明の病気に人々はなすすべもありません。

治療法は教会の讃美歌や聖職者の祈祷のみ。

ペストは農民も富裕な商人も王族も、あっという間に命を奪ってゆきます。

人々は、日ごろ
「神に忠誠を誓ってさえいれば、病や不幸から逃れられる」

と説くのに、いざ助けを求めても全く救いの手を差し伸べないキリスト教の神に幻滅しました。

「黒死病（肌が黒くなるから）に罹るのは、信仰心が足らないから。祈るのです」

発言した神父までペストにかかり、真っ黒な顔で命を落とします。

「悪魔は、肌が黒く髪が縮れている」

日ごろ教会は肌の黒い人間を捕まえて激しく非難しましたが、その神父までが黒い肌で死ぬのです。

人々は黒い肌で死ぬ神父を見て、教会の教えに、激しく疑問を感じました。

なお、この当時大流行した「死の舞踏」という絵画は、ペストで死んでゆく人々を描いたとされます。

「死はあっという間に命を奪う。だからこそ、今一瞬を大切にし、悔いのない人生を選べ」

「死の前では王侯貴族も、農奴も平等である。死は恐怖だけでない事を知れ」

死の舞踏は人々に、従来のキリスト教的価値観や封建制度を否定すべき、と告げます。

人々はペストから自分達を守ってくれないくせに、寄付ばかり要求する教会やキリストに背を向け
「悪魔」とされる異教の肌が黒かったり黄色い神々や、「占い」「魔術（とされる薬学や高度な医療）」に強い興味を持ち始めます。

中世、世界の産業中心地は、中国　インド　エジプトの周辺エリアで、いわゆる白人たちが「悪魔」と蔑む

人々が住むエリアでしたが、文化や文明は、こちらの方が開けていました。

ペストも何度か、このエリアで発生しましたが、ヨーロッパほど大きな被害を出さなかったのは、彼らは自然治癒法を使ったとされます。

予言者として有名なノストラダムスによるペスト治療法は、ほぼアーユルヴェーダの治療法と合致しています。彼はまずペストの原因がネズミのダニである事を突き止め、患者を隔離収容します。

病室は徹底的に清潔にし、患者の肌の汚れも拭き、服は煮沸消毒させ日光に良く干した物を着せ、今日殺菌作用が認められているバラと体内の毒素を消したり体温上昇の効果のあるショウガを丸薬にし、患者に飲ませました。

これで体内の免疫力を活性化し、肌から毒素を含んだ汗が流れ、尿からも毒が排出されます。

後にはペストをスッキリ出しつくし、免疫を付けた人々が死の淵から生還出来るのでした。

ペストで生き残った人々は、より強く異国文化や神々にあこがれを抱きます。

そして、教会が忌み嫌う悪魔とされる者達は本当に「悪」なのであろうか？　と考え始めます。

イタリア遠征

一五世紀末、フランス王シャルル八世がイタリアに遠征します。遠征自体は失敗でしたが、彼はイタリア貴族の持っていた文化をフランスに持ち帰るという業績を残しました。この時の品物の一つがタロットカードだと言われています。これによりタロットカードの存在は、ヨーロッパの貴族の間に知られるようになりました。

とはいえ、どう使うのかは、フランスの人々は判ってはいません。故郷イタリアですら、タロットで遊べるのは貴族の中のごく一人握りなのですから、フランス人が判る筈もないでしょう。

ヨーロッパでは15世紀に誕生した活版印刷が、16世紀ようやく活況になります。印刷技術が進歩し、安価な印刷物が出回り、人々もその頃になると農業や産業技術の発展により、生活に少し余裕が出てきました。文字を読む事が出来て、娯楽を楽しむ心の余裕を持つ人が増えました。

中産階級の人は皆、知識に飢えていて、競って安価な本を購入します。

本屋には聖職者のスキャンダルや不正を告発する本や、悪魔崇拝の本が並べられ、読者はそれを読んで権力者へのうっぷんを晴らします。

自由な文化を人々が楽しむ中での十七世紀後半、

当時の国際商業都市マルセイユで、活版印刷で製作されたタロットカードが誕生しました。

イタリアのタロットカードは、寓意画が金や高価な顔料で描かれた色鮮やかなものでしたが、こちらは簡単な寓意画と、賭け事用のかるた札と合わせ、数色の絵の具で摺り上げられた安価なものです。

おまけに、イタリアの元祖タロットカードは、

「道徳や神への信仰の素晴らしさ」を表現しているのに対し、新しいタロットは「封建社会の理想とは欺瞞にみちた社会」と、反キリスト主義を訴えます。

当時、反キリストの象徴とされた「女教皇」のカードを入れたり、「悪魔」「死神」のカードを、ただの不幸のカードとして考えないなど、色々含みを持たせた形式であるのが、なによりの証拠です。

イタリアでは連想ゲーム用の札として使用されたタロットカード、マルセイユでは賭け事用のかるたとして船乗り達が愛用し、マルセイユ版タロットカードと呼ばれるようになりました。

ブザンソン版タロット誕生

さて、フランスの端、イタリアとスイスに接した、地方都市ブザンソンという場所があります。

ここは古くから軍事や商業の要であり、大きな教会も存在する宗教都市でもあります。

ブザンソンの人々はルターの宗教改革の影響を強く受けており、「神の教えには絶対服従」の意識が染みついていました。

ある時ブザンソンの酒場で、男たちがタロットで賭け事をやっていました。それをある人が見て腹を立てます。

「賭け事のカルタに『法王』『女教皇』の名称を使うとは、何たること！」

「けしからん」と言う声は日増しに大きくなり、１７２５年教会は、布令を出します。

「イタリア周辺は、遊戯用カルタにタロットカードに『法王』『女教皇』の名前を使う事を禁ず」

「さあ、大変だ、これからはタロットカードの印刷も販売も販売できなくなる」

ブザンソンの印刷工場経営者は頭を抱えました。

彼らは苦肉の策として、『法王』『女教皇』のカードを、ローマ神話の『ジュピター』『ジュノー』に名称を置き換えたのです。この2枚がそれぞれJで始まる事から、以後はブザンソンですられたマルセイユ版タロットを、1JJカード又はブザンソン版タロットと呼ぶようになりました。

これにより、マルセイユ版タロットカードは、正統派とブザンソン派と、2つの流れを生み出す事となったのです。

カウンセリング占いにはウエイト版タロット

今日多くの占い師が手に取るのは、78枚全てのカードに鮮やかな寓意画が描かれたウエイト版タロットでしょう。

絵を見るだけで意味が判る、カードの上下が判じやすい、という利点以上にこればかりはマルセイユ版には到底真似ができない長所があります。

それは内面的な悩みや、子供の頃のトラウマ、精神的な相談を解決する能力。

これにはウエイト版タロットの成り立ちが、かるたから発展したマルセイユ版とは全く違う事が要因となります。ウエイト版が誕生するには、3度の出来事が関わってきます。

タロットエジプト起源説？

フランス革命の時代、神学者アントワーヌ・クール・ド・ジェブランは、かるた遊びをしようとする男からタロットカードを見せてもらいました。

ジェブランはその原色鮮やかなカードを見て、閃きました。全く何の根拠もなく、です。

「これはエジプトで生まれた！　古代の神官達の教義を集めて作られたカードだ。ジプシー達によってヨーロッパにもたらされたのだ」

実はジェブラン、エジプトに行ったことも、考古学も学んでいません。

しかし、フランス革命の少し前、ヨーロッパでは「エジプトブーム」が起こり、ジェブランに限らず多くの人々が、「色鮮やかで」「説明できない見慣れないもの」は全て「エジプトから来た」と信じた時代だったのです。

１７８１年、ジェブランは「タロットエジプト由来説」を発表しました。

ジェブランはフリーメイソンの一員で王侯貴族と面識があり、社会的影響力の強い人だったので、彼の説はあっという間に知識人の間に浸透しました。

人間と言うのは、社会的地位の高い人のいう事は、実にすんなり信じ込む生き物です。庶民はかるたとして扱っているカードを、です。

更に薔薇十字団員でオカルト研究家のエリファス・レヴィは、ジェブランの説を発展させ

「タロットは古代ユダヤのカバラ教義に基づき作られた神秘のカードである。それが証拠に大アルカナが22枚であるのは、ヘブライ文字22字に起因しているのだ」

と、述べました。

１８８９年、オズワルド・ヴィルトはエリファス・レヴィの説に基づき、「オズワルド版タロット」を世に出します。

その際、パピュという人が専用解説書「漂流者のタロット」を出しましたが、これを英訳したのが後にウエイト版タロットを世に出す、アーサー・エドワード・ウエイトでした。

ウエイトの登場

アーサー・エドワード・ウエイト、別名ウエイト博士。とはいっても別に彼は博士号を持っているわけでもなく、自分でそう名乗っているだけだったのです。

彼はイギリスの魔術結社「黄金の夜明け団」に、友人に誘われ入団しましたが、他の団員たちとどうしてもそりが合わず退団し、友人がまた引き留め、再度入団を繰り返しました。

当時の黄金の夜明け団の構成員は、全員中流階級の比較的生活は裕福で、時間に余裕のある人が主でした。彼らにとってオカルト研究とは、単に退屈しのぎで行うもので、真剣に研究するものではありませんでした。おまけに独自の価値観と強烈な自己主張を持った人が多く、しょっちゅう内部で、誰がリーダーにふさわしいかで争いが絶えませんでした。

一方のウエイトは、貧乏で内弁慶、学歴はないけれど自分こそ一番、と考えるややこしい性格。これでは、自己主張の塊の他の団員とそりが合わないのも当然です。

しかし、ウエイトは学歴こそないものの、神秘学に対する知識は、他の誰よりも豊富に持っていて、彼が勝手に自分を「博士」と呼んでも、それに異を唱える人間は誰もいませんでした。

ウエイトが魔術を研究する理由、それはどうしても欲しいものがあったから。

「亡くなった肉親を蘇らせる方法」が、どうしても欲しかったから。

ウエイトの人生は、幼いころから肉親の死と向かい合っていました。

父は彼が生まれてすぐ事故死、妹も栄養失調で命を落としてしまいます。

可愛がっていた妹が死に、病弱な母も死に。

「母は敬虔なクリスチャンなのに、なぜ不幸続きなのだ。神父は篤い信仰心が有れば病気にならないと説いたのに」

ウエイトは神の教えに疑問を抱きます。

16歳で大英図書館に就職したウエイト、図書館の仕事は給料は安かったのですが、そこには彼が求めていた分野の本が豊富にありました。彼は仕事の合間を見つけ、貪欲に神秘学に関する本を読みまくります。

彼は本を読みながら夢想します。

「死の国に両親や妹が自分を待っているのではないか？　彼らを蘇らせる方法はないのか？」

その答えが神秘学の知識の中にある筈だ、と。

いつしか彼は、大学を出ていないのにも関わらず、まるで神学者であるかのような豊富な知識を身に着けていたのです。

「黄金の夜明け団」に、友人の誘いで入ったのも、この頃。

しばらくして、メンバーと喧嘩、辞めて、友人がなだめて又入っての繰り返し。

後年「フリーメイソン」「薔薇十字団」もウエイトは、かけもち入団しました。

彼はそれぞれの団体で、使えそうな知識は片っ端から吸収します。

そうしてこれらの知識の結晶ともいうべきタロットを、１９０９年イギリスのライダー社より発売するのでした。

これらの知識は色々な団体から無断で拝借した物なので、現在でもウエイトは魔術研究家から「詐欺師」「泥棒」「薄っぺらい知識」の烙印を押されています。

しかし、ウエイトが活躍した時代、他の魔術研究家がこぞってタロットカードを製作しましたが、大勢に愛されるタロットとなると、ウエイトの完全勝利となるでしょう。

なぜか？　それはウエイトは家族と縁の薄い人生を歩んだせいなのか、カードに描かれている情景が父や母、悲しみの根源は幼児期の心の傷である、と優しさ溢れるメッセージを私たちに送っているからです。

例えば、同じ時期の活躍した魔術師で一番有名な人はアレイスタ・クロウリーですが、彼の作ったタロットは、テーマが『高次元への覚醒』です。

考えてもみてください。

占いの現場で寄せられる悩みは、家族と喧嘩したとか、劣等感からくる悩みです。

ウエイト版タロットでは、

「人間は常に善と悪の部分が対立している不完全な存在、けれどそれでよいのだ」

と告げるでしょう。

対してクロウリーのトートタロットはじめ魔術系タロットは、そのほとんどが

「高次元の魂を目指せ」

とメッセージを発信します。

「素直になれず、彼にきつい態度をとってしまった。なぜ私はいつも同じ失敗を繰り返すのだろう」

という相談者に「高次元の〜」「覚醒」とかアドバイスを出して、相談者が納得するでしょうか？

「あなたが人にこういう態度を取る原因は、幼い頃、このような心の傷を負い〜」云々

説明し今後のアドバイスを与える方が、相談者にとってありがたかったりします。

ウエイト版タロットは、カウンセリングタイプの占いに、大きな威力を発揮します。

カードの解説

マルセイユ版タロットカードは22枚の人物が描かれた大アルカナカードと、トランプのように数字と記号を組合わせた40枚の小アルカナカード、キングやクイーンなど宮廷に関した人物が描かれた16枚のコートカードの、合計78枚で構成されています。

大アルカナのカードの順番ですが、
0愚者（スイスタロットでは道化師）でスタートしXXIで終わるパターンと、
I魔術師（スイスタロットでは奇術師）からスタートし最後に0愚者（道化師）で終わるパターンと、2種類存在します。
ここでは、最初に0がくる順番でカードを紹介していますが、皆さんの使いやすい方を採用しましょう。
カードの正位置、逆位置の意味合いについて、最初は深く考えなくて結構です。
まず、正位置のイメージを自分なりに掴んでください。
次に逆位置の意味は、正位置の反対の意味であったり、正位置の良い部分を暴走させた時に起こりえる出来事と捉えてください。

大アルカナカード：呼び名

4はⅣと記しますが、ミューラー版はⅡⅡと記します。

一般的なタロットカードの名称		1JJカードの名称	
0	愚者	無番号	道化師
Ⅰ	魔術師	Ⅰ	奇術師
Ⅱ	女教皇	Ⅱ	ジュノー
Ⅲ	女帝	Ⅲ	皇后
Ⅳ	皇帝	ⅡⅡ	皇帝
Ⅴ	法王	Ⅴ	ジュピター
Ⅵ	恋人たち	Ⅵ	恋人
Ⅶ	戦車	Ⅶ	戦車
Ⅷ	力（正義）	Ⅷ	正義
Ⅸ	隠者	ⅤⅡⅡ	隠者
Ⅹ	運命の輪	Ⅹ	運命の輪
Ⅺ	正義（力）	ⅩⅠ	力
Ⅻ	吊るされた男	ⅩⅡ	絞首刑の男
ⅩⅢ	死神	ⅩⅢ	死
ⅩⅣ	節制	ⅩⅡⅡ	節制
ⅩⅤ	悪魔	ⅩⅤ	悪魔
ⅩⅥ	塔	ⅩⅥ	神の家
ⅩⅦ	星	ⅩⅦ	星
ⅩⅧ	月	ⅩⅧ	月
ⅩⅨ	太陽	ⅩⅤⅡⅡ	太陽
ⅩⅩ	復活	ⅩⅩ	判決
ⅩⅩⅠ	世界	ⅩⅩⅠ	世界

道化師　0愚者

王笏をまねた道化棒を片手に、道化師が王のしぐさをまねて、周囲の人を笑わせています。しかし、笑い転げる人々を眺める彼の目の奥底は、実に冷ややか。まるで、同じことを発言しても、権力があるかないかで態度を変える人間たちの愚かさを嘲笑っているかのようです。

大体のイメージ

正位置▽おどけ者　遠くへの旅　世捨て人　芸人　軽やかな動き　本質を知る　幸せは望めない　閃き　スポーツにしても芸術にしても常人離れした才能を見せる　目立つ服装

逆位置▽愚行に気づく　目的が見つかる　常識的な考え　幼稚な行い　自分では賢いと思っている人　努力がすべて無駄になる

中世の宮廷では「ジェスター」と呼ばれる道化師が存在していました。派手な色の衣装に、鈴のついた三角帽、手には王杓を真似た道化棒を握りしめ、王が間違った政策をしたり問題を起こした時、剽軽なしぐさで王を批判します。王は自分を厳しく批判する道化師を脇に置く事で、民衆に自分の心が広いという事をアピールしました。

宮廷道化の仕事は多岐に渡ります。外国の使節が来れば、その宴会で楽器など演奏して彼らを楽しませ、貴族達の反乱の気配を感ずれば王に密告し、反乱の芽を潰します。良い道化のいる国は栄える、という言葉すらありました。

王が戦争を起こす時、敵国へ宣戦布告を告げに行くのも宮廷道化師の仕事でした。

その結末は、敵国の王に首を刎ねられるか、運が良くても猛犬をけしかけられて、大けがを負わされます。中には敵国へ向かうふりをして、そっと逃げおおせる人もいましたが、その場合家族が処刑されるか、本人が王の放った追手に追い回され、永遠に放浪の旅を続ける事を余儀なくされます。

荒涼とした大地を進む宮廷道化師。ふと立ち止まり、乾いた笑みを浮かべます。それは自分の身の上の滑稽さを思っての事でしょうか？　それとも彼を眺めている私達を嗤っているのでしょうか。

Ⅰ　奇術師　魔術師

奇術師が胡散臭い口上を述べます。「こちらにございます品々は、世にも不思議な魔法の道具でございい」インチキと判っているのに、奇術師の鮮やかな弁舌に多くの人々は魅了されてしまいます。皆、ここから奇跡が見れるのではないかと、わくわくしながら奇術師の手元を見つめます。

大体のイメージ

正位置▽奇術師　アイデアマン　説明能力　すばしっこさ　知恵　野心家　物事のスタート　ぴりっとした緊張感　要領の良い若者　物事のスタート地点　神秘学の知識

逆位置▽うすっぺらい知識　ペテン師　実力がない　物事が始まらない　行動力のない人　口の軽い人　愚鈍さ　迷信深さ

奇術師のテーマは知恵。知恵は善人が持てば、多くの人を幸せにします。しかし、邪な魂の人間がそれを持つと詐欺や悪企みとなり、多くの人々に混乱をもたらします。

街中で若い奇術師が、思わせぶりな笑みを浮かべて、手品の道具を机の上に並べ始めました。

もったいぶった態度で胸をそらし、杖を握りしめ、道を行く人々に今から奇跡を起こすと、自信たっぷりに宣言します。

彼のあまりにも堂々とした態度に、道行く人々はすっかり騙され、いつ不思議な光景が見れるであろうか？とわくわくして待っています。

奇術師は「言葉」という魔力を使い、巧みに人の心を支配します。今、人々に見せている奇術も、使い古されたありきたりな大道芸ですが、彼の口から発せられる口上を聞いていると、これからとんでもない出来事が起こるのでは？　とつい人々に期待させてしまうのです。

もし、同じ事を他の人が真似をしたとしても、ここまで人の心をしっかり掴む事はできないでしょう。人の心を惑わすのには、とっさの言葉選びや機転を働かせないといけないのです。

奇術師は何かが始まる期待感を抱かせますが、実際に何か現象が起こるわけではないのです。

Ⅱ　ジュノー（ヘラ）　女教皇

少年のような活発な装束をまとい、大地を力強く裸足で踏みしめる神々の女王ヘラ。キリリとした表情で未来を見つめる瞳には、男に頼らず自分の意志で運命を切り開いていこうとする、新しい時代の女の姿をイメージさせます。

大体のイメージ

正位置▽清純　若々しさ　知性的　夢見る人　宗教家　占い師　預言者　芸術
水星に関係する事（文章能力・薬草の知識・目的地目指す移動）一途な愛　女性の権利
女性的であることを否定　秘めたる思い

逆位置▽淫乱　晩婚　独身　女性として未成熟　男運の悪さ　女性的性格の悪い部分　悪魔崇拝
占い依存症　ヒステリック　あきっぽさ　おしゃべり　お調子者

ジュノーはローマ神話の最高神ジュピターの妻で、ギリシャ神話の女神ヘラを指します。

ヘラは嫉妬深い女神として描かれるだけではなく、女性を保護する優しい母としての顔も見せます。

ゼウスの妻でありながら、神々の神と呼ばれる夫ゼウスと同等の権力を持つ為、「妻の権利」を守護する女神として、多くの女性達からの信仰されているヘラ。オリンポスの神々が地中海にやってくる前は、人々はヘラを偉大なる母神として信仰していた、という話もあるくらいです。

伝説では、ヘラとゼウスは血のつながった姉弟でした。ある時、ゼウスは姉の美しさに気が付き、彼女を独占したくなりました。一方ゼウスと結婚したくないヘラは、彼に無理難題を出します。

「あなたと同等の権力を持った正妻として、迎えてください」

当時、ゼウスはテミスという正妻がいましたので、到底ヘラとの結婚は無理です。ゼウスは悩んだ末、テミスを離縁することにしました。一方ヘラは、この条件ならゼウスは引き下がるだろうと考えたのですが、ゼウスの予想外の反応に驚きます。しかし、自分が言い出した条件なので、彼女は渋々ゼウスとの結婚を受け入れるのでした。

赤い衣を着たヘラの後ろに、贅沢の象徴である孔雀が控えています。孔雀の尾羽の丸模様は、ヘラの部下、千里眼の能力を持った怪物アルゴスの目が縫い付けられています。

ヘラの身に付けた赤い衣は、キリストの血を意味し、「貞操・純潔」を表します。孔雀の尾羽の丸い模様は太陽に例えられ、「全知全能」「不死身」「魂の再生」を意味します。

夫、ゼウスに負けない強大な力を持ったヘラは、凛々しい表情で未来を見つめています。

女教皇ジョアンの場合

正統マルセイユ版では、Ⅱのカードは、伝説の女教皇ジョアンを描いたとされています。現在でも教皇は男性のみが就任できるもの、と教会では決められており、女教皇ジョアンは悪魔崇拝の象徴だと考えられています。

伝説ではジョアンは山奥に一人住み、薬草で病人を治療したり、占いで未来を見通し、雨を降らせるなど様々な奇跡を起こしました。村人はそんな彼女を魔女と呼び、忌み嫌います。

彼女の噂を聞きつけた旅の修道僧が、魔女を退治せんとジョアンの家に乗り込みましたが、逆に彼女の美しさに魅了されてしまいました。

日が経ち、修道僧は自分の用事を思い出し、彼女にまた帰るから、と言い残して教会に戻ります。しかし、この男はほどなくして、ジョアンの事をすっかり忘れてしまいました。

一方、男が忘れられないジョアンは、少年修道僧に変装し、教会に潜り込みます。こうして、男を見つけた彼女は再び毎晩あいびきをし、ついに一つの命を宿しました。一方、彼女は持ち前の霊力を発揮し、様々な奇跡を起こしたので、教皇から次期教皇に推薦されるほどまで出世したのです。

彼女は自分の戴冠式の日、神輿の上で男児を出産しました。そこで彼女が性別をごまかしていた事が明るみになり、彼女は沿道の人々から殴り殺されてしまいました。

女性として未成熟な女教皇。清らかさとひたむきさ、霊感と神聖、秩序を説きつつ、因習を破り、淫乱、無鉄砲さ、愚かさなど二面性を見せます。

Ⅲ 皇后 又は 女帝

女帝の指は生まれてから一度も力仕事をしたことがないであろうとはっきり判る、白く華奢な指です。
彼女の細い指は、今、天に向けられており、自分の権力を誇示しています。
女帝は機嫌次第で、屈強な兵士の命を吹き飛ばしてしまいます。
領土の秩序を維持する為、兵士の命を奪う皇帝とは対照的ですね。

大体のイメージ

正位置▽成熟した女性　美　健康　妊娠　結婚　豊穣　家庭円満　恋愛　娯楽　気持ちよい事全般
優しい母　身内を守る　愛情を注ぐ　法律より人情優先　金運　宝石

逆位置▽老化　不妊　失恋　ヒステリー　わがまま　陰湿ないじめ　不作　婦人科の病気
身内びいき　理性的な判断ができない　浪費家　家庭内不和

豪華な衣装ときらびやかな宝石を身に着け、玉座に腰を掛ける女性。ふくよかな肉体は、彼女の生活の豊かさを示し、豊穣や多産を人々にイメージさせます。彼女は権力の象徴の王杓を持って、自信たっぷりに「人を導く指」人差し指を天に向けます。ここから彼女は、王の妃という飾り物の存在ではなく、彼女自身が男の王と同等の力を持った「女帝」である事を示しているのです。

彼女はゆったりと微笑みます。

「私に従いさえすれば、あなたはもっと豊かで快適な生活が送れるのです」

彼女は国民達の母なので、自分の元に集まる人々に愛情を注ぎます。

皇后の前に頭を垂れた人々は、暖かな気持ちに包まれる筈です。

愛情深い皇后ですが、彼女は物事の善悪を感情で判断する欠点があります。周囲の人々はそれ故、頭を悩ます事が多々あるでしょう。しかし、感情で怒りを爆発させる人は、些細な事で怒りが解けたりもします。

女帝は身近な世界が平和である事を願っています。

皇帝のように、戦って領土拡大という事柄には無関心です。

しかし、自分の家族や国を攻撃された時、彼女は徹底的に敵を追い詰めるでしょう。

それは皇帝が秩序を守るために戦争をする姿と対照的であります。

IIII
皇帝

皇帝はこれみよがしに、自分の力の強大さを誇示します。従う人間は保護するが、逆らう人間は徹底的に叩き潰すことを、態度で示しているのです。力にここまでの執着を見せる皇帝は、いつか現れる自分よりも強い存在を恐れているのに違いありません。

大体のイメージ

正位置▽男らしさ　父親　管理職　起業　支配力　権力　力ずくで得る勝利　好戦的　責任感　物質的な成功　富の獲得　結婚　家族を養う　目下を保護する

逆位置▽横暴　指導力無さ　気弱　反乱　敗北　生殖機能又は成人病の心配　だらしない性格　散財　精神的な安らぎ　性同一障害　女性的な男性　弱い者いじめ

その昔、イングランド王エドワード一世がスコットランドと戦争の折、聖石「スクーンの石」を戦利品として持ち帰り、戴冠式で使用する王座の下に据えつけました。

それは、王族としての栄華は征服した人々の憎しみの上に成り立っている事、油断すればいつでも首を切り落とされてしまう事を忘れぬよう、戒めの為に使用したというのです。

皇帝が力の象徴の盾に寄りかかり、王座に腰をおろしています。

高価な宝石がたっぷりついた王冠に、絹の服、ゆったりとマントを羽織り、いかにも王者にふさわしい余裕を見せていますが、よく注意すると、それらと不釣り合いな鉄の鎧を着こんでいます。

皇帝は権力を手にしても、一時も油断するという事は許されないと言う事です。

「富と権力」は多くの人間を惹きつけ、それを手にする為、人間はいくらでも残酷になります。

皇帝自身もかつては誰かの富と権力を力ずくで奪い取ったので、その部分は誰よりも嫌と言うほど判っています。

「いつかより強い王が現れ、自分の首を切り落とすだろう」

彼は常に怯えています。

皇帝は法律の番人としての顔も見せます。国の秩序維持を常に考え、自分の領土を脅かす存在と判断したならば、身内であろうとも容赦せず首を切り落とす苛烈さを持っています。

Ⅴ　ジュピター　又は　法王

神々の神であるゼウスが、うんざりした表情で世界を眺めています。神の世界と人間の世界、全てを支配し、あらゆる知恵を身に着けたゼウスは、権力にたかる者たちの心のうちの醜さを感じ、世の中に失望しているのです。

✪大体のイメージ

正位置▽慈悲深さ　年配の良き相談者　宗教家　精神的な支え　援助　平和な世界　どっしりとした重量感　秩序のある世界　全能感

逆位置▽押しつけがましさ　カルト宗教　倫理観のなさ　融通が利かない人　退屈　ゆっくり腐ってゆく感覚　停滞感　反社会性気質　陰鬱な人

ジュピターはローマ神話の最高神であり、ギリシャ神話ではゼウスと呼ばれます。彼は「神々の神」として絶対的な力を誇り、人間にも神にも様々な「恩恵」を与え、それと同時に彼らに「法」を守るよう要求します。ゼウスは自身の背後に「正義の女神テミス」を侍らせ、彼女に世界を監視するよう言いつけるのです。

人によっては

「女に片端から手をつけるあなたはどうなの？」

と、ゼウスに反発を覚えるでしょう。

しかしゼウスが人間に要求する法とは、人間が作る法律ではなく、神の世界の法律です。盗むな・殺すな・神に逆らうななど、人間の中に備わっている本能的なタブーを守れと、ゼウスは告げているのです。

黄金の王冠をかぶり、富と力と権力の象徴の大鷲を従えたゼウス。

しかし世界の頂点に君臨しているのに、彼は頬杖をついて、不機嫌そうに遠くを眺めています。

ゼウスは若者であった時代、母の助言を聞き入れ、兄や姉を救うため、父親クロノスを殺害しました。結果として彼は神々の王という座につきましたが、代償として父側の一族から激しい恨みを背負う事となるのです。

権力の座に座る事がいかに陰惨で、愚かで虚しいのか、全知全能で未来が全て判り、なんでも手に入れる事ができる生活がいかに退屈であるか、彼の表情が物語っています。

法王の場合

3つの十字を合わせた十字架を持ち、頭には3重の冠を重ねた帽子を被る法王。彼は十字架を強く握りしめ、もう片方の手は誇らしげに天を指します。3重の十字架と3重の冠は、「天と地と精霊」を意味し、指を天に向けるしぐさは、「自分と信者達は天の国へ忠誠を誓う」事を表現しています。法王は皇帝同様、きらびやかな衣装を身に着けてはいますが、皇帝のように美女や美食を楽しみ、国民を武力によって従わせるという事はしません。法王は禁欲生活を心がけ、神の下僕を名乗り、人々に神の愛を伝えようとします。

武力を持たない法王ですが、その気になれば国王を土下座させる事すら可能です。その際、王は法王そのものを恐れているのではなく、法王の背後に存在するかもしれない、神という超自然的な存在に恐れおののくのです。

法王のカードは、例えるなら第1線を退いたけれど、財力や組織の中で影響力を持った人物をイメージさせます。その人は面倒見がよくて、困った後輩がいると、そっと脇から助言を出すような、控えめな性格の人でしょう。

Ⅵ　恋人　恋人たち

男と女はお互い「判りあっている」と思ってはいるけれど、実は思い過ごしと言うのはよくある話です。

男も女も、互いに「愛してほしい」と考えるだけで、相手の幸せを考えようとしないのは、まだ『恋している』状態なのです。

大体のイメージ

正位置▽魅力的な異性　願望達成　誘惑　選択の必要性　即断即決　甘く暖かな空間

お互いの勘違い　目の前の状況を受け入れるべきか、選択の必要性

逆位置▽詐欺師　体目的の愛　浮気　出口の見えない苦しみ　失恋　選択の失敗

惰性でエネルギーが流れる　少しずつダメになってゆく

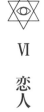

女の手首をガッチリつかみ、自分の体に引き寄せる一人の青年。女の瞳をまっすぐ見つめる青年の表情は、彼女へのまっすぐな思いが見てとれます。もしかすると、これから結婚の申し込みをするつもりかもしれません。女はなにゆえか、男からの視線から逃れるよう、瞼を閉じうつむいています。

様々な思惑が交差する恋人達の頭上には、「愛欲神」エロスがいたずらな表情を浮かべ、矢の狙いを女に当てています。もしもエロス神の愛欲の矢に射抜かれてしまえば、女は情欲の炎に全身を焼かれ、男の肉体を夢中になって求める事でしょう。

甘ったるい空気が漂う中、一人の老人が、意地の悪い笑みを浮かべ恋人達を眺めています。

老人の粗末な服装は、数多くの人生の辛酸を嘗め尽くした可能性を示しています。老人は心の底でつぶやく事でしょう。

「愛なんて一時の感情の高ぶりで結ばれる、実に薄っぺらいものだよ」

恋人のカードは甘ったるい空気の中、結婚のような永遠の愛を求める男と、燃え上がる刹那の恋を求める女、全く違った二つの感情がある時はぶつかり、水と油のように溶け合うこと無く、マーブル模様を作って混ざり合います。

男と女、お互い判りあっていると感じていますが、実は相手の事を全く判ってなかったりします。

恋人たちはそんな甘ったるく、矛盾をはらんだカードです。

Ⅶ　戦車

風のように駆け抜ける騎士と二頭の馬。若く美しい青年と、毛並みの美しい馬をみて、人々は口々にほめそやします。何と勇ましく威勢のいい事かと。しかし注意深い人ならば、騎士は暴走する馬を制御しきれていない、と言う事を。

押さえつけようとする力と、それ以上に強い跳ね返しの力が存在します

大体のイメージ

正位置▽野心家　独立　車に関した事　急激にどこかへ進む　勝利　出世　冒険　外国に関する事　未知の世界への関心　ベンチャー企業　遠方への移動　困難を乗り越える　勇敢さ

逆位置▽暴君　無謀な計画　敗北　夢物語で終わる　誇大妄想　事態が中々進まない　虚栄心　引っ越しのトラブル　交通事故　多額の負債　ギャンブルで失敗

新しい王の戴冠式を待つ人々の前を、2頭の立派な若駒が戦車を風のようにひきいて、街道を駆け抜けます。戦車が通り過ぎる時、人々はその美々しい風景に圧倒されるでしょう。戦車は黄金色、華やかな色に染め上げられた布で飾られ、その上に胸をそらし、金と銀で拵えた甲冑を着けた王子は美しき横顔。人々はその光景に、太陽神アポロンの再来かと、見とれるでしょう。しかし、注意深い人は気が付いてしまいます。

戦車を引く馬達は、見栄えはいいけれど、調教がしっかりされていないという事を。王子が強く手綱を握りしめていないと、2頭とも別々の方向に走りださんとする事を。

もしかしたら、2頭とも王子を、自分の主人として認めていないのかもしれません。

王子の頼りない手綱さばきの元、馬車は観衆の中、走り去ります。

ある人は、この馬について、善悪や理性と本能のような、異なる感情であると考えます。

これらのエネルギーは、人間が意思を強く持たねば、制御が困難となるのです。

戦車のカードは、見栄えの良さと伴わない中身、疾走感と危機を孕む緊張感が混在したイメージのカードです。

Ⅷ　正義

善悪は立場が変わってしまうと、判断ががらりと変わってしまいます。

それゆえ、正義の女神は、目の前の人間が善人か悪人か判断するとき、色々な角度から検討を重ね、罪の大きさを判断するのです。

彼女が厳しい顔をしているのは、常に公平な判断が出来るよう、感情を排除しているからです。

大体のイメージ

正位置▽正義感　公正な行い　中立の立場　裁判・弁護士・裁判官　生真面目な人

張り詰めて鋭くて厳かなイメージ　刃物や秤に関すること　人を寄せ付けない

筋が通っていたら、訴えに耳を傾けてくれる人

逆位置▽不公平　ゆがんだ正義感　不正　冷酷　敗北　厳しすぎる裁き　処罰　えこひいき

腐敗　融通が利かない　威張り散らす

鋼鉄の鎧に身を包んだ女性が、右手には黄金の大剣、左手には黄金の秤を掲げています。

彼女はゼウスの側近であり、元正妻で今は愛人の「正義の女神」テミスです。

テミスの掲げる秤は、その人間の魂が、正なのか邪なのかを計ります。

そうして、人間が悪に傾いていると判断できた場合、即座に手にした剣でばっさりと切り殺します。

古代ギリシャでは、正義と力は対になっている存在と考え
「力なき正義は無力　正義なき力は暴力」

と、いう言葉が存在した程です。

正義と力がバランスを取ってこそ、世界は平和であると当時の人は考えました。

正義の女神は、貧富や美醜老若で、人の罪の重さを変えるなどはいたしません。正義は公正な立場の元に存在せねばなりません。

正義のカードは硬く冷たく緊張感に満ちています。何かの目的に対し、ふさわしい努力をすれば願いは叶いますが、他力本願でいる人には、悪い意味が強調されます。

VIIII 隠者

ほの暗い冷たい洞窟を、修道士がランプを掲げて静かに進みます。修道士はランプの光の中に、「知恵」と言う名前の宝を忍ばせ、闇の中を進みます。闇が深くなるたびに、知恵はよりはっきり美しい輝きを見せ、辺りを明るく照らします。

隠者と呼ばれる修道士は、宝物である「知恵」を人々から隠す使命を持っているのです。

大体のイメージ

正位置▽修行者　哲学者　真実の愛　精神的　寺院に関する事　心理　探求　地道に努力する人
大切な物をこっそり隠す人　つつましやかさ　ゆっくりした動作　無口さ

逆位置▽逃避行　陰口　愚かさ　不正　堕落　心に壁を作る　無礼な人　急ぐ用事
反社会的考えの人　逃避行　物事が順調に進まない　打算的な人

闇の中、歩を進める修道士。ゆったりしたローブを荒縄で締める彼は、服装からして、清貧を良しとするカプチン派の僧侶でしょう。腰の荒縄は、自らの心を縛るという誓いの現れなのです。

闇の中、僧の足元を照らすのは、小さなランプだけ。

しかし、彼は暗闇の中、迷いなく進みます。

彼の掲げるランプの炎は、普通の人間にはただの暗い灯りとしか映りませんが、心の目が開いている人には『智恵』が具現化したものだと見抜ける筈です。

智恵は、憎しみや蒙昧など闇に支配された人間の心に「救い」という光を照らします。

しかし、この智恵は俗世間に置かれると、塵まみれの風に吹かれ、あっさり消えてしまうでしょう。なので修道僧は貴重な「智恵」を、俗世間の空気に触れない、清浄な場所を探し、そこへ保管しに行くのです。

隠者というのは世間から身を隠す人ではなく、自分から知恵を隠しに行く人の事なのです。

隠者は渋くて、落ち着いた雰囲気の、物事が前進するカードです。恋愛では秘めたる愛やプラトニックな愛を意識します。

精神的な物を愛するので、物質的な幸せを求める質問には、否定的な結果を出します。

Ⅹ　運命の輪

人間の努力では、どうにもならない物、それが運命の輪です。奈落に落ちるか、安全な地上に降りるのか、まさに運しだい。人間にできる事は、天を仰いで祈ることしか出来ないのです。

大体のイメージ

正位置▽幸運　チャンス到来　成功　宿命　運命的な結びつき　ツキが回ってくる　協力者　ゆっくりとした時間の流れ　神の意志を感じる　物事が計画通りに進む

逆位置▽不運　努力が無駄になる　惰性　諦め　罪人　物事が急展開　計画に障害が出てくる　邪魔者の出現　病　思わぬトラブルで頭を悩ます事　不幸を持ち込む友人

目を隠した運命の女神フォルトゥナが、巨大な舵をゆっくり回しています。

舵はふらふら前後に周り、人の運命が不安定で、些細な事で幸運にも不幸にも向かう事を示しているのです。

運命の輪は、前面は深い谷底へセリだし、後半はしっかりした大地の上に乗っています。

女神がちょっとでもハンドルに力を掛けると、運命の輪は頼りなく前後に動き、輪の上の人間は、ある者は奈落の底へ、またある者はふんわり草の生い茂る大地の上に落とされます。

自分の未来が、奈落か大地に落ちるか、正に運命の女神のその時の気分次第なのです。

未来が見通せず不安で堪らない人々は、救いを求めて天の神に祈りを捧げる事しかできません。

車輪の下にはキリストの赤い血のシンボル、赤いバラが咲き、フォルトゥナ女神に裁かれるぎりぎりの瞬間、キリストの救いの手が差し伸べられる可能性を示しています。

しかし、あくまでも可能性での話ですが。

運命とは気まぐれで残酷な物です。人間の意志や努力ではどうにもならないのです。

女神フォルトゥナは基本的には幸運の女神です。正位置で出た場合は、色々願いが叶う良い時です。

しかし逆位置で出た時は、どんなに頑張っても悪あがきとなる結果が待っています。

XI　力

強烈な午後の太陽の光の下、辺りには戦士の汗と獣の脂の不快な臭いが立ち込めます。獣の首に回した戦士の腕を、太陽は容赦なく焼き焦がします。追い詰められた戦士、もし少しでも力を緩めたら彼は獣に直ちに喰い殺されてしまいます。

絶体絶命の状況。今は耐える時です。

大体のイメージ

正位置▽理性　精神的な強さ　知性　勇気　苦難を乗り越える　努力家　エネルギーの抑圧
気高い魂　禁欲生活　力を集中する状態　猛獣　凶暴な動物　危険が潜む

逆位置▽暴力的　弱い者いじめ　強い者への屈服　欲望に負ける　衝動・本能的
打算的　乱れた生活態度　非力　卑屈　柔らかくばらける状態

英雄ヘラクレスが、魔獣ネメアーを素手で倒そうとしている場面です。

ヘラクレスは呪いをかけられて、うっかり大きな罪を犯しました。太陽神アポロンは、罪を償わせるために
ヘラクレスに厳しい試練を与えました。

そのうちの一つの試練が、魔獣ネメアー討伐。

この魔獣はどんな武器をもってしても倒す事ができず、多くの戦士がネメアーに喰い殺されてしまいました。

勝ち目のない戦いに、ヘラクレスは勇敢に挑みます。

彼は武器を通さないネメアーに対し、刃物で挑む事を諦め、素手で戦う事を選びました。

ネメアーの首根っこをつかんだ時、魔獣はヘラクレスの体に爪を立て、肉を引き裂きます。

その度に彼は苦痛の呻き声をあげますが、彼は決して腕の力を緩めません。

最終的にヘラクレスが勝つのですが、それには長い長い時間を要するのでした。

魔獣は神秘主義の視点から見ると、人間の本能から来る欲望を示し、格闘するヘラクレスは人間の理性を示
しているとされます。

欲望も理性も誰でも普通に持っている感情ですが、欲望があまりにも大きく膨らみすぎると、自分本位な言
動をとって周囲の人間を傷付けてしまいます。

更に欲望は、ヘラクレスのような英雄をもってしても、力では中々押さえつけられません。

力のカードは、本能的欲望を押さえつける事ができるのは、英雄をもってしても中々制御が難しいことを告
げています。

XⅡ　絞首刑の男　吊るされた男

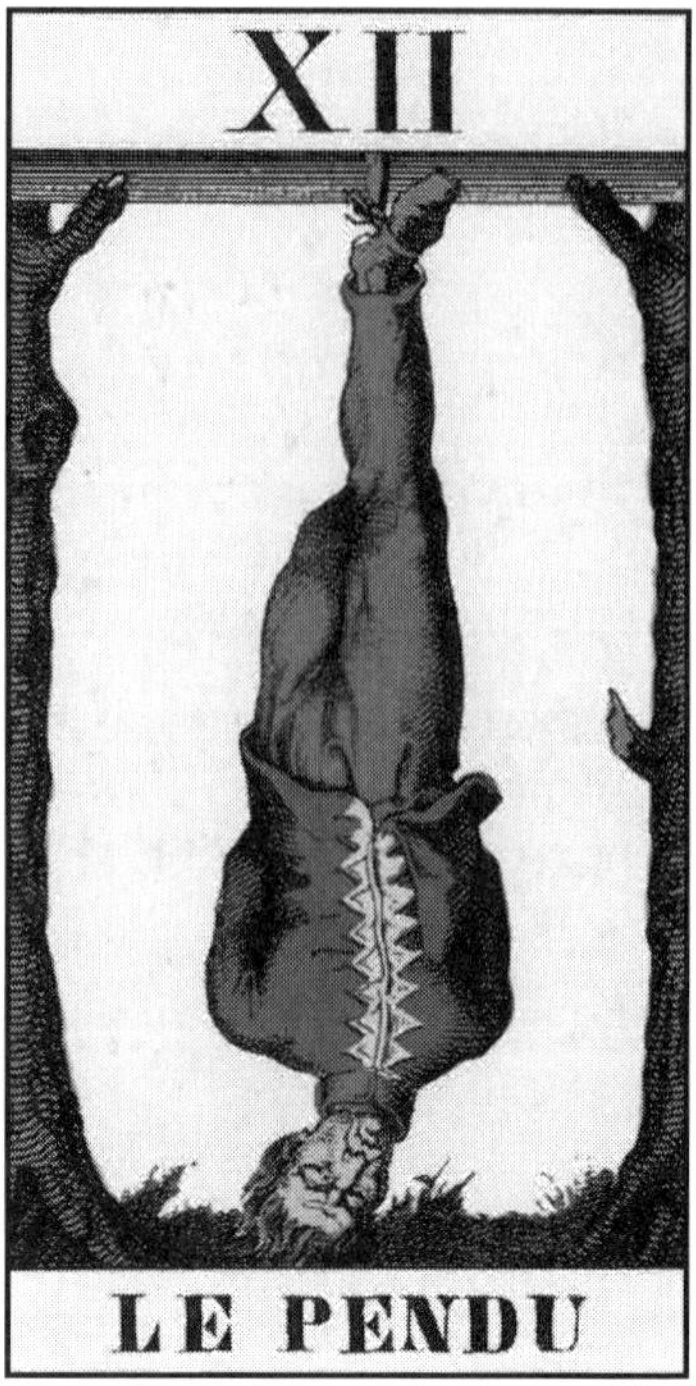

絞首刑に処されている男性。少し暴れれば足は縄から解放されるというのに、彼は処罰をあえて受け入れています。

それは

「罪と認めたら即座に縄を解いてやろう」と言い放った人々への、彼なりの抗議だったりします。

大体のイメージ

正位置▽自己犠牲　殉教　異端信仰　苦行者　無実の罪　前途多難　やがて許される

イエスキリストの苦難をイメージさせるカード　一時的なトラブル

逆位置▽重罪人　偏屈な人　親しい人からの裏切り　永遠の責め苦　足首の病気　悪あがき

肉体的な苦痛からの解放　責任からの逃避　暴れることでより問題が複雑化

2本の木に丸太を渡した絞首台に、男が逆さに吊るされています。

絞首刑は、通常はキリストを裏切ったユダになぞらえ、縄は首にかけられますが、彼のように異端信仰の罪を犯した人間は、縄は足縄は首にかけられます。

その縄はどんどん滑り、今は足首でかろうじて止まっているだけの状態。

彼は逃げようと思えばいくらでも逃げられる状態なのに、逃げようとはしません。

彼は罪人となった自らの状況を、受け入れているとでも言うのでしょうか？

又は、キリストの受難を自ら体験しようとしているのでしょうか？

中途半端な温情で許されるよりも、自分の身の潔白を認めてもらうまで、絞首台から逃げない覚悟を私たちに見せているのかもしれません。

今にも足から外れそうな縄は、彼の罪がもうじき許されることを暗示しているのかもしれません。

このカードが正位置の場合、身動きの取れない状況は一時的である事を示していますが、逆位置の場合は、吊るされた状態で下手にバランスを崩してしまうと、縄が足に絡まり身動きが取れなくなる事、つまり解決の出口が見えなくなってしまう事を示しています。

XIII 死　死神

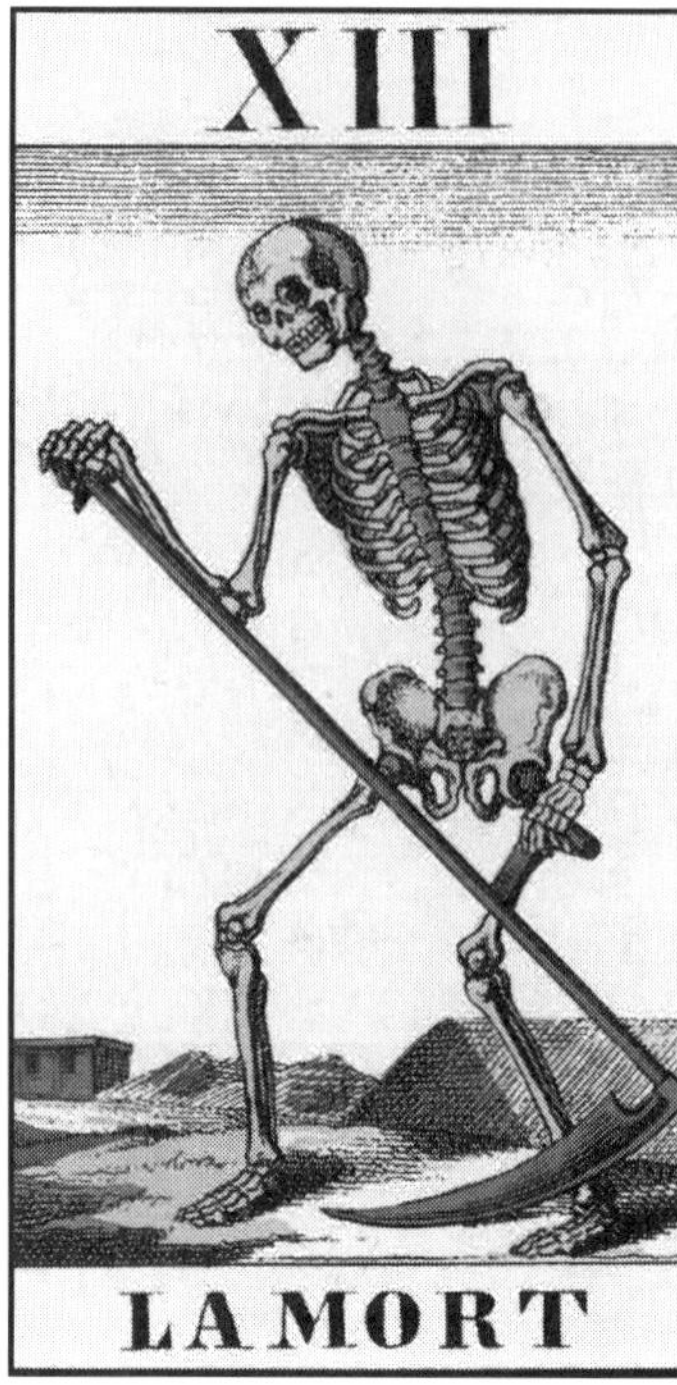

木枯らしが吹きすさぶ大地、死神がカタカタ音を立て、命を刈り取る旅をします。
死神の鎌は、金持ちも貴族も、貧乏人と同様に、さくっと命を刈り取ります。
死神は人間に対し、常に平等であるのです。

大体のイメージ

正位置▽死　悲しみ　農作物　平等　豊作　外科手術　遺産　葬式　季節や時間に関する事
一気に不幸が襲い、その後運勢が好転する　性的エクスタシー　輪廻転生

逆位置▽不作　性交渉の退屈さ　不妊　不平等　苦しみが続く　葬式費用がない
物事の停滞・失敗　組織の腐敗　不作　じわじわと悪い流れになる

荒涼とした砂漠を、麦の刈り取り用の大鎌をもった死神が旅をしています。

人間の寿命に大きく関わる死神ですが、悪霊のように人間に憑り付き命を吸い取るような事はしません。寿命を迎えた人間の家にだけ迎えに行き、命を刈り取るのです。

旅する死神の背後には、影を落としたピラミッドと、荒れ果てた古代の貴族の墓が見えます。

生前、栄華を誇った人でも死からは逃れられず、大金を投入して作った墓も、いつしか朽ち果て砂粒になってしまうのです。

死神は平等な神です。死神の前では、人間は貧富も貴賤も、老若男女、美醜も関係なく命を刈り取られてしまうのです。死んだ人間は、死の世界に行き、復活の時を待ち、そして生まれ変わります。新しい命を得た人間は、別の人生を歩み、また時が来た時、麦のように命を刈り取られます。何度も何度も。

死神は、農作業や季節の移り変わり、時期や収穫などの意味を持つ事もあります。

刃物で切り取って、再度生まれ変わりを、という部分からは外科手術という意味もあると言う人もいます。

死はセックス時のエクスタシーの感覚にも通じる為、豊穣という意味合いを含みます。

XIIII 節制

癒しの天使ラファエルが、香油の壺に甘いワインをゆっくり注いでいます。
健やかな魂を維持するためには、節度ある生活態度が好ましいとラファエルは諭しています。
節度とは、楽しみを断ち切ることではなく、程々に楽しみ、自分の理性で制御することを指しています。

大体のイメージ

正位置▽節制　禁酒　中庸　美徳をもつ　天使ラファエルに関する事
様子を伺いながらゆっくり移動する　健康　薄暗闇　静かな環境

逆位置▽浪費家　極度の倹約　ギャンブル依存症　本能的で動く人　アンバランス
急激なエネルギー移動　極端な考え　急ぐことで失敗　思想の押しつけ

癒しの大天使ラファエルが、美味しいワインを香油の壺に注ぎ込んでいます。これで甘美なワインは香油に変化してしまい、飲む事ができなくなってしまいました。きっとワインの持ち主は、酷く落胆する事でしょう。しかし、寛大なラファエルは、ワインを全部薬壺に注ぎ込む事はせず、半分は酒壺に残してくれるようです。

ラファエルは人間達に告げるでしょう。

「何事も程々が良いのです。酒の量を減らし、健康的な生活をするのです」

節度ある生活の素晴らしさを説いてくる事でしょう。

中世ヨーロッパには7元徳という徳目があり、人々はそれに従って生活する事が理想とされました。7元徳とは、「智恵・勇気・正義・節制・信仰・希望・無償の行い」を指します。

節制は、物を一切断ち切る事ではなく、己の欲望を制御し、程々の量で満足する事を指します。

例えばお酒なども、酒を捨ててもう飲めなくするのではなく、自分の意志で飲む量を減らす事を美徳としました。

節制のカードはエネルギー制御やバランス感覚の意味を持ちますが、強く急激な力で動きを抑え込むのではなく、自発的に緩やかに力をコントロールするのです。

XV 悪魔

心が弱っているとき、人はその囁きの主が悪魔と判っていても、慰めの言葉に心を揺さぶられてしまうものです。正論だったり、もっともらしい励ましの言葉は、人を追い詰め絶望させてしまいます。

大体のイメージ

正位置▽表面的な成功　科学の知識　不倫、略奪愛、浮気　契約は守る　欲望の虜　悪魔崇拝
成功と引き換えに危険な契約　反社会組織　建築技術　甘い誘惑

逆位置▽迷信　占い依存症　神へのあこがれ　精神的奴隷　自立　永遠の苦しみ
不利な契約結ぶも成功はない　誘惑からの脱出　貞節　禁欲生活

女性が泣いています。

両手で顔を覆い、うなだれる姿は、彼女の絶望の深さを物語っています。

彼女の前に、1人の悪魔が訪れました。真っ黒い体に縮れた髪、馬の蹄、農機具のスキを杖に持ち、優しく女に近寄ります。その姿はギリシャ神話の、森の精霊サテュロスに酷く似ています。

彼は醜悪な容姿でありますが、人間に恵みをもたらすと信じられています。

いま悪魔は女に、優しく慰めの言葉を囁きます。

「可哀そうに。俺がお前を苦しみから救ってやろう。さあ、魂を俺に売れ」

神は人間に、忠誠と禁欲生活を求めるのに対し、悪魔は一度の契約さえすれば、人間に快適な暮らしを届けます。そういう意味では、悪魔は神よりも親切な存在ともいえます。

しかし、悪魔の契約は落とし穴だらけ。

人間が生きている間は、栄耀栄華は叶えてもらえますが、死後の何百年という時間、悪魔の下僕として、日々情け容赦なく働かされるのです。しかも悪魔と契約してしまったら、二度と神の許しは届かず、永遠に地獄の闇の中で暮らすしかないのです。

旧約聖書では悪魔は蛇の姿を取り、アダムとイブに知恵の実を食べるよう勧めました。

また、中世の大工達は悪魔に魂を売る契約をしたのちに、橋などを作ると、驚くほど精巧な建造物ができたと伝えられています。そういう事から、悪魔のカードには知恵や文明というキーワードが潜んでいます。

悪魔のカードは、甘美で物質の一時的な所有や勝利、快感を表しますが、同時に永遠の恐怖という意味を持っています。

XVI 神の家　塔

完成まであと一歩だったのに、突然誰かに足元をさらわれ、奈落に叩き落された時の衝撃と絶望。
人生の成功や失敗は、自分だけの努力ではどうにもならない物だったりします。

大体のイメージ

正位置▽突然の不幸　災害　火事　落雷　事故　思い上がり　神の罰　信念の崩壊　性衝動
努力して積み上げたものが、一気に崩される　コンプレックスからの解放

逆位置▽少しの被害で済む災難　性的不能　不幸が先延ばしになる　シロアリ被害
気づかない部分でゆっくり進む崩壊　トラブルがきっかけで物事が良い方向に

昔、世界の人間は共通の言葉を持っていました。ある時、強大な力を持つ王が、自分を限りなく神に近い存在と考え、神の国まで届く高い塔の宮殿を作る事を思いつきました。

彼は国民に命じて、雲よりも高くレンガを積み上げ、塔を作らせます。

この様子を見た神は人間たちの傲慢さに腹を立て、あと一歩で完成する塔のてっぺんに雷を落としました。長い時間かけて積み上げられた塔は、一瞬で粉々です。

塔で工事していた人々は地面にたたきつけられ、そのショックで今まで喋っていた自分達の言葉を忘れてしまいました。王がいくら持ち場に戻れと命令しても、人々は王の言葉が理解できません。

やがて全員、それぞれの言葉で罵りあいをはじめ、やがてどこかへばらばらに散って行きました。

あとに残されたのは、粉々に砕けた塔の残骸と、家来すらいなくなった王が残っているだけ。

塔のカードは、順調に進んでいたものが、外部からの妨害で、突如崩壊する時の絶望感を表しています。この崩壊は、目に見えるものだけではなく、その人の信条や宗教観や目標かもしれません。

人生が順調で、毎日幸福な生活を送る人の場合には、恐ろしい不幸と絶望のカードですが、不幸続きの毎日を送っている人にとっては、本人の意図しない幸福が飛び込む事を示しています。

XVII 星

夜明け前の闇が一番濃い時間、乙女が静かに大地に水を注ぎます。
彼女の頭上には、プレアデス星団が輝き、地上に光の雫をまき散らしています。
旅をする人々は、頭上の星の輝きを心の支えにして、闇の中を進み続けます。

大体のイメージ

正位置▽希望　健康的な生活　物事が順調に進む　与える愛　母性　希望　美しい夜空　農作業
清らかな水　豊穣　控えめで優しい人　あと少しで幸せをつかむ事ができる状態

逆位置▽偏った恋愛　過保護　育児放棄　セックスフレンド　大雨　計画とん挫　絶望
当分結果はでない　金目当ての結婚　努力が水の泡

エトワール、それは強い光を放つ輝く美しい星。

今、一人の乙女が星明りのもと、手にした壺の清らかな水を、注意深く川に注いでいます。

衣からのぞく白い肌は、彼女の魂の無邪気さ、純真さを表しています。

乙女の背後で輝いている星の正体は、月の女神セレネーの従者プレアデス7姉妹です。

となると、この輝く星を従える乙女の正体は、セレネーに違いありません。

満月のセレネーは人間達に、愛情と豊穣、様々な恵みを与えます。

古代ギリシャでは、天空にプレアデス7つの星が輝く頃は、一年のうちで一番畑を耕すのに適した時期であると考えられ、この時期に種をまくと必ず豊作になると信じられています。

セレネーは地上に恵みの水を注ぎ込み、人々に豊穣をもたらそうとしているのです。

星のカードは、無垢な魂、精神的愛情、豊穣を相談者に約束するカードです。

時間は星が一番美しく輝く、闇の深い時間帯を指します。

今は闇が深い状況であるけれど、あと少し我慢すれば豊かな恵みが約束されている、という意味合いのカードなのです。

X
Ⅷ
月

真夏の夜、湿気を帯びたまとわりつくような不愉快な空気。庭の落ち葉は腐り、その下では嫌らしい蟲達が蠢いています。
闇は嫌らしい生き物の姿を隠し、あたかも平和であるかのような幻を人間に見せるのです。

大体のイメージ

正位置▽不確かな恋愛　曖昧な世界　危険で甘い罠　先祖の問題　墓　占い　妊娠　魔女
甘く生暖かな空気感　妊娠に関すること　霊感・超能力を持つ

逆位置▽陰謀　生理不順　不妊　婦人病　ノイローゼ　酒乱　麻薬中毒　ゆっくりダメになる
商売の失敗　ギャンブル中毒　悪い仲間

人々が寝静まった夜、リュートをかき鳴らす男と、屋敷のバルコニーから身を乗り出す令嬢。

男の甘ったるい愛の言葉に反応して、彼女の心はとろけんばかり。

けれど男の言葉は真実でしょうか?

男の笑顔には、罠や裏があるのではないですか?

令嬢の親の財産目当てかもしれませんし、彼女の肉体が目的かもしれません。

夜空には三日月の魔女へカテーが、意地の悪い笑みを浮かべています。

へカテーは月と闇と魔術、妊娠、月経、幻、陰謀、森の獣を司ります。

いま、へカテーの下僕である犬が、男の悪だくみの臭いに引き寄せられ、ぴったり傍らに貼りついています。

地上での甘ったるい空気が満ちる中、地下では巨大なザリガニや蛍の幼虫がいやらしく蠢いています。残忍で不気味なこの生き物達は、獲物を見つけるや、頭からバリバリと食べてしまうのです。

月の薄明かりは、男女の気持ちも、足元の不気味な風景も、全てを隠してしまいます。

XVIIII 太陽

青空に黄金の太陽の光が降り注ぐ初夏。息を吸い込むと太陽の活力が肺に流れ込むような、そんな気持ちです。

今なら、集中して何か作業したら、最高の結果を残せそうな、そんな感覚。太陽は、行動する人には、必ず努力した分だけの結果を約束してくれます。

大体のイメージ

正位置▽友情　幸福　出産　勝利　願望成就　生命力　光　治療　人気者　若々しさ　芸術　予言　試験に受かる　輝かしい未来　学問でよい結果　精神的な愛　結婚式

逆位置▽躁鬱病　ヒステリー　不吉な未来　無知　死　人間関係の問題　落第　苦難を乗り越えた人間だけが得る勝利　偽りの愛　政略結婚

青空の元、少年と少女が柔らかな芝生の上で、本を手に談笑しています。

少女の肩をそっと抱く少年と、その少年に微笑み返す少女からは、お互い強い信頼で魂が結びついている事が判ります。空に輝く太陽神アポロンは微笑み、愛らしい恋人達を祝福しています。

太陽神アポロンの意味する事は、

「芸術・学問・医療・栄光・豊穣・生命力」

若者達の未来には、これらがプレゼントされる事でしょう。

しかし、アポロンの神話で忘れてはならないのは、太陽の輝きに魅せられ、大きな羽を作ってアポロンに近づくも、あまりに近くまで寄りすぎてしまい、太陽の炎で羽根を焼き尽くされ墜落死してしまった若者の伝説です。いくら幸福を約束する神様であっても、必要以上に近づきすぎると破滅の道に陥ってしまいます。

また太陽神アポロンの聖地デルフィでは、アポロンに憑依された巫女達が、集団で神がかり状態となり、人々に神託を伝えたと言われています。

彼女たちの預言の的中率は、百発百中とまで言われましたが、その奇怪な様子から、人々は恐れもしました。

ここから太陽のカードは、

「狂乱状態、オカルト現象、不気味な人」

などの意味合いも、持ち合わせているとも言えるでしょう。

XX　判決　審判

暗く冷たく重苦しい状態から、突然の解放。まばゆい光に包まれ、全身から歓喜がほとばしります。地上に脱出するため、どれだけ長い時間、地中でもがき苦しんだことでしょう。

大体のイメージ

正位置▽過去の復活　理想が手に届く　目覚め　許し　病の回復　奇跡　霊感　連絡が届く　解放感　望みが叶う　過去のやり直し

逆位置▽不安定　狂乱状態　目的を見失う　奇跡は起こらない　悪縁　連絡はこない　助けてくれる人がいるのに、助言が届かない　悪い思い出がよみがえる

陰鬱な墓地で眠る死者達の願いは、1日も早く生前の罪を神から許してもらう事です。

雲の上から慈悲の天使ガブリエルがラッパを吹き、地中の死者に呼びかけます。

「死者達よ　墓地より這い出なさい。あなた方は許されました」

ガブリエルの許しのラッパの音は、罪を悔いた者の耳に優しく響きます。死者達は凍り付いた土の中を辛抱強くもがき、地上へ這い上がります。そうして地上に這い出る事に成功した死者達は、生前一番美しかった時代の姿を、ご褒美に神より与えられるのです。

一方、ガブリエルのラッパが聞こえたのに、復活しない死者達もいます。彼らは酷く横着で、困った事があるといつも他人に何とかしてもらおうとします。凍った土を自分の力で掻き出す事が酷く面倒くさく思えた彼らは、早々に神に何とかしてもらおうと考え、天に向かって呼びかけます。

「土の中から救いあげてください」

しかし、自ら助かる為の努力をしない人間には、神は冷淡なのです。そのような人間は、永遠に冷たい土の中で苦しむ事でしょう。

死者達を「過去」の象徴とするのであれば、審判のカードは、断念した夢が、何かの拍子でかなうとかも意味します。

空の天使が「理想」を、地上の死者たちを「現実」と仮定するならば、審判のカードは
「理想に現実の一致」

という意味とも取れるでしょう。

ＸＸＩ　世界

何もかも完璧な神の世界。静謐であたりには花の香りが漂い、柔らかな光が満ちています。綺麗なもの清らかなものだけが存在を許されます。

そして人間は存在が許されません。

なぜなら人間は不完全で、善と悪、両方の心を持つからです。

神の国は美しくも、残酷な世界です。

大体のイメージ

正位置▽願望達成　成功　勝利　心の平安　直観力　霊感の獲得　物欲からの解放
喜びに満ちた神の国　全てが完璧な状態　理想とする生活

逆位置▽願望成就まであと一歩　納得のいかない結末　物欲への執着心　煩悩を抱える
悩みを頭ごなしに否定　エリートしか存在を許されない　冷酷さ

宇宙空間に浮かぶ美しい人。象牙色の肌、高位さを示す青の布を巻き、勝利を示す月桂樹の葉に囲まれ、柔らかな金髪をなびかせたその人は、男でもあり女でもあり、健康な肉体と強靭な精神と深い学識を持った、全てにおいて完全な存在です。

その人は月桂樹の葉に囲まれ、足元には雄牛と獅子が、頭上に鷲が控えています。

それはあたかも月桂の葉の中の人物を守護するかのようです。

新約聖書の世界で考えると、

「マルコ、ルカ、ヨハネ、マタイの福音書はそれぞれ、雄牛、獅子、鷲、人間で表現されている」

という記述を思い起こさせます。

また神の側近である智天子ケルビムは、男でも女でもなく、雄牛と獅子と鷲が合体した姿であると考えられています。

となるとこのカードは、神の理想の世界を描いているのかもしれませんし、4つの福音書に守護されたイエスキリストの姿を描いたのかもしれません。

世界のカードは、タロットカードの中では最高に良いカードであると言われています。

意味としては完成された世界とか、究極の幸福を手にするなどです。

人間が存在しない神の世界、を描いていることから、冷たい、無関心、などネガティブな意味もあります。

タロット大アルカナ二十二枚の最後のカードですので、「物事の終着点」であったり、「これ以上、やっても無駄」という意味も含んでいます。

小アルカナ

小アルカナは一枚一枚、意味を正確に覚える必要はありません。
カードの正逆がわかりにくい時は、正逆なしでカードの意味を覚えましょう。
大事な事は、何度もカードを使う事。インスピレーションを大事にする事です。

小アルカナの構成は
ワンド（棒　又は　どんぐり）
コイン（金貨）
ソード（剣）
カップ（盃）
4つのマークで成り立っています。

それぞれ1～10までの数字と、ペイジ（プリンセス）　ナイト（プリンス）　クイーン　キングの人物札4枚、
合計14枚で1組です。
小アルカナの構成は、ほぼトランプと同様となります。

◆４つのスートのイメージ

性質は火　書かれている図は小枝又はこん棒

・ワンド（棒　又は　どんぐり）

ワンドは木から作られたこん棒をマークにしています。

木の枝は繁殖を意味し、木から作られたこん棒は「繁殖・力・勝利」を意味します。

デッキによってはワンドはどんぐりのマークで表現されていますが、どんぐりはドルイドの世界では戦士の握りこぶしを意味し、「繁殖・力・勝利」を表現しています。

ワンドは火の性質のカードです。

火は人間にやけどを負わせたり、家を燃やし、落雷や火山の噴火など恐ろしい存在ですが、同時に料理やお風呂、製鉄、電気など、上手く使えば人間に恵みを届ける存在でもあります。

世界中の神話で、ある神が人間に「火」を与え、その結果人間達は便利な道具を作り出し、高度な文明を作り上げたという話が沢山存在します。

火の性質の人は創造性にあふれ、陽気でリーダーシップがあり、華やかさと同時に雷のような衝動的怒りを爆発させます。

●コイン（金貨）

性質は土　書かれている図柄は金貨

コインは、岩から作り出された金属を元に加工された金貨をマークにしています。岩というのは、土の中に埋もれて、特に価値のある存在ではありません。その存在はあまりにも当たり前すぎて、岩や土に人々は魅力を感じません。人によっては、服が汚れるという理由で、土を嫌悪する人すらいます。もし、お誕生日に土をプレゼントされたら、誰でもがっかりするでしょう。

土は火のような華やかさも、風のような自由さも、水のような音で人を癒したりもできません。しかし、畑の作物は土がないと育たず、土がなければ人間は歩く事も家を作る事もできません。恐ろしい台風も、巨木や石造りの立派な建物の吹き飛ばすのに、大地が吹き飛ばされ、空っぽの状態になるという事はありません。大木に火をつけると、森全体が火事になるのに対し、土に着火しても、燃え上がるという事はまずないでしょう。

このように、土というのは、一見無価値でつまらない存在に見えますが、実は堅固で大きな力を秘めているのです。

土の性質の人は、華やかさはありませんが、忍耐強く堅固な意思を持ち、現実主義者で、ここ一番という時に大きな力を発揮します。

・ソード（剣）

性質は風　書かれている図柄は剣

ソードに描かれている剣は、刃物全般も指しますが、知識や会話、言葉も意味します。

まず刃物は戦争などで人を傷つける道具ですが、包丁や鋏のように、美味しい料理を作ったり、肌触りの良い服を作り出す道具でもあります。外科医が持てば、患部の肉を切り、怪我を治療します。

誰かに自分の経験を説明する時は、人は自分の記憶の中の余分な部分を切り落とし、単語を小出しにします。

ここから刃物は、知識、情報、会話などと関連付けられます。

ソードの性質は風。風は流動的でつかみどころがなく、執着をせず、自由を好みます。

権力や財産など、物質的豊かさを届ける物については、自由を犠牲にする物だと理解して、あまり好ましく思いません。また、仲良しグループで行動することも、風は嫌がります。

風の人は基本的に一匹狼が好きなのです。

人との付き合いを拒否するのに、風は旅に出て人と触れ合う事を求めます。彼は人との交流から、広い世界の存在を探ろうとします。決して人との情や絆を深めたいわけではないのです。

風の性質の人は、誰とでも友達になれますが、付き合いは表面的です。多くの人は彼を「優しい」「魅力的」と感じます。しかし、時として、相手にとって耳の痛い本質的短所をズバリ指摘します。

人によっては「攻撃的」「毒舌家」の印象を持たれるでしょう。

風の性質の人は、研究職や文筆業など知的ジャンルで大成する傾向にあります。

●カップ（盃）

性質は水　書かれている図柄は、アーサー王やキリスト伝説に登場する聖盃

聖盃とは、

「キリストの最後の晩餐で使用した盃」

「磔にされたキリストの体から流れ出た血を受けた盃」

「磔で苦しむイエスに、ローマの兵士が痛め止め入りワインを飲ませた。その時の盃」

など諸説あります。

いずれもイエス・キリストと関係があり、聖なる宝として古くから多くの権力者がこれを欲しました。

アドルフ・ヒトラーもこの盃を欲しがったと伝えられます。

聖杯を手に入れた物は英雄と呼ばれ、神の霊的な力によって、あらゆる願いを叶える事ができると信じられています。

カップの性質は水。水は人間に霊的な存在を感じ取らせたり、時にはその人の眠らせている才能を活性化させ、奇跡を起こさせるます。

水の性格の人は、平和主義でゆっくりした動作ですが、内面は狂気をはらんだ殉教精神を有しています。傷つきやすく涙もろいという面、感情的で怒りっぽい面、彼は矛盾した性格を有しています。

カップは、「運命的」とか「神」とか「宿命」など、宗教的な古めかしい言葉が大好きです。

小アルカナ：イメージ一覧

	ワンド	コイン	ソード	カップ
姿勢	積極性	消極性	積極性	柔軟性
属性	火	土	風	水
性質	情熱・創造	忍耐・所有	交流・分析	愛情・霊性
性別	男	女	男	女
高低	高	低	高	低
温度	熱い	普通	寒風	冷水
金銭	大金	小銭・貯金	無頓着	浪費

対応する大アルカナ	ワンド（意志）	コイン（物質）	ソード（知性）	カップ（霊）
1 奇術師	野心の誕生	所有欲の誕生	高貴な知性	霊性
2 女教皇	未熟	思慮	均衡	平等
3 女帝	幸福の創造	快適な物	分析	出産
4 皇帝	なわばり	王国	一時休止	無気力
5 法王	独立	物への執着	孤立	後悔
6 恋人	移動	商い	撤退	甘美な夢
7 戦車	変革	タイミング	観察	誇大妄想
8 正義	宿命	経験で判断	自業自得	倦怠感
9 隠者	自尊心	実務家	精神の脆さ	平和主義
10 運命の輪	成就	財力	博識	カリスマ性

数字の１

大アルカナ魔術師のイメージ　種　物事のはじまり

１とは、物事の誕生であり、出発点であり、大地にまかれた一粒の種のイメージがあります。

種に手足はなく、種だけで活動はできません。

しかし種はいつか芽吹き、枝葉を伸ばして活動します。

そういう点で、１は可能性の数字です。

１はエネルギーをため込んでいる状態です。

ワンドの1　キーワード：漠然とした野心

重く太いこん棒を握りしめる節くれだった指を持つ人。皮膚に浮き上がった太い血管から、この人物は体も心も健康的な人であることが伺えます。

努力と根性と勢いがあれば、世の中の事は大体が解決できる、と彼は思っていそうです。

大体のイメージ

正位置▽はじまり　全能感　明るい人柄　アイデアの閃き　威勢の良さ　事業の始まり　下剋上　力が凝固し爆発する直前の感じ　才能を感じさせる　わくわく感

逆位置▽傲慢さ　騒がしい人　口だけで行動に移さない　ならず者　無気力　延期　怒りによる力の爆発　弱い者いじめ　愚鈍　臆病さ

歴戦の戦士が、戦闘用のこん棒を強く握りしめています。節くれだった指からは、彼が常に前線で戦ってきた、経験豊かな戦士である事が伺えます。階級としては下の方でしょうか？

こん棒から勝利の月桂樹が生えてきている事から、たとえ階級が下でも、戦いの神から祝福をうけている人である事が伺えます。

きっと、戦場においては人望の厚い戦士なのでしょう。

彼の掛け声は多くの戦士に、希望と勇気を与えます。

ワンドの1は野望を持っています。

しかし全く曖昧な目標で、具体的な物ではありません。

「お宝は力づくで奪い取れ」

自分の欲しいものが何なのか、幸せの形など、比較すべき外の情報を知らないので、彼の考える事は全く持って曖昧なのです。

けれどワンドの1はまっすぐで、楽天的な気質なので、未成熟な自分の姿に疑問もストレスも抱きません。

ワンドの1のカードは、未来への希望と、自分への絶対的な信頼、これから何かが始まるのではないかと言うわくわくした胸の高まりを示すカードです。

コインの1　キーワード：五感を使って宝を守る

果たしてどれだけの値打ちがあるのか不明なコインが一枚。
けれど一つ言えるのは、価値が不明な小銭であっても、人は反射的に自分の欲しいものを思い浮かべるのです。
コインの1は、人間の物欲について考えさせられるカードです。

大体のイメージ

正位置▽本能的感覚　味覚や手触りで判断する　種　地道な努力　美食家
磨けば光る原石　物欲　食欲　未来の可能性

逆位置▽鈍感　無神経な人　口だけの人　無知無学　無口　大食漢
ただのガラクタ　貪欲　目先の事しか考えない人

1枚のコインを、柔らかなシダ類の葉が包み込んでいます。まるでこの金貨に五感があり、外部の刺激から守り通そうとしているかのようです。

例えば、赤ん坊は誕生した後に、自分を危険から守るため肉体に「五感」を宿します。

熱い、痛い、お腹がすいた、など本能的な危機を感知した時、赤ん坊は勢いよく泣いて、周囲に自分の危機を知らせるのです。

コインの1はこのような、生存本能又は五感を使い、人間の最大の宝である肉体を保護します。

コインの1ほど肉体へ強く執着する存在はいないでしょう。

なぜなら肉体は霊と精神の入れ物であり、五感を使えば様々な美しいものを感じ、おいしいものを味わえます。また自ら指を使えば、美しいものなどを加工する事も可能なのです。

健康な肉体は、無限の可能性を秘めているのです。

コインの1は、花の種にも例えられるでしょう。

種は未来、開花し豊かな果実をつける素晴らしい存在です。

雨や大地から養分を貰い、長い時間を経て、甘い果実を実らせます。

コインの1の状態は、今はそこに存在するだけであるけれど、長い時間をかければ、自分や周囲に幸福を与える存在なのです。

ソードの1　キーワード：高貴な知性

飾り立てられた剣を握りしめるほっそりとした指の若者の手。剣は月桂樹とどんぐりの葉で飾り立てられ、握りしめる若者に勝利を与えることを約束しています。

剣は知識や会話、好奇心など様々な意味を有します。戦いとは無縁そうな手を持つ若者には、恐らく学術の世界での勝利が与えられることでしょう。

大体のイメージ

正位置▽凱旋　即位　鋭さ　知性　気高さ　冷酷　研究者　直観力　力で奪う成功　理系の研究など　文章表現能力　リーダーシップ　霊的センス

逆位置▽暴君　征服者　完全な敗北　話しにくい人　孤独　自滅　魂の未熟さ故に犯す失敗　自分中心な人　霊におびえる人

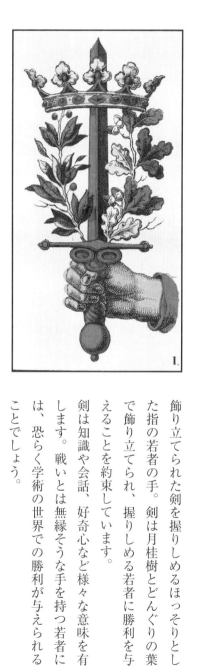

若者の白く滑らかな手が、月桂樹とどんぐりで美しく飾られた長剣を握りしめています。

どんぐりは、この戦士の魂の堅固さを、月桂樹は彼の受けるであろう栄光をそれぞれ約束しています。剣の持ち主は気高い貴公子なのかも知れません。

高貴な育ちの人は、意外にも小さいころから苦労している場合が多いようです。

「ノブレス・オブリージュ　高貴な存在は、より多くの義務を負うべし」

この精神を叩き込まれ、大人達から厳しくしつけられるのです。

ソードの1は、プライドが高く不正を憎む、誇り高き人なのです。

彼は感情を出しません。

人は彼を、冷酷と噂します。

しかし、彼にとって重要な事は、

「自分の行いが正しいのか」

が大切で、多くの人々から自分がどうみられようがそれは彼にとって些細な問題なのです。

そうして、自分の行いの善悪は、彼の集めた知識から判別するのです。

カップの1　キーワード：純白の霊性

聖杯、それは世界の権力者が争って求めた地上の宝。磔刑のイエスの血を受けた盃とも、手足の楔の痛みに呻くイエスに飲ませた、痛み止め薬を満たした盃とも言われています。
聖杯は所有する人間のどんな望みをも叶えると信じられ、大昔から大勢の人間がこの盃をめぐって争いを繰り返しました。

大体のイメージ

正位置▽霊的な事　平和　祝福　穏やかさ　無垢　信仰心　聖職者　美的センス　暖かい人
願えばかなう　良いエネルギーを生み出す　奇跡が起こる

逆位置▽不用心　子供っぽさ　無計画　洗脳　成金趣味　精神不安定
争いの原因　妄想　良いエネルギーがゆっくり腐ってゆく感じ

十字架の紋章と豪華な装飾が施された蓋つきの盃。

恐らくこれは、アーサー王伝説に登場する、「聖杯」に違いありません。

磔刑のキリストの血を受けたと言われる聖杯は、古より所有者の望みを全て叶えると信じられ、多くの支配者達がこれを求め、戦争を起こしたと伝えられます。

いま聖杯は机の上に置かれ、新たなる所有者が現れるのを待ち望んでいます。

カップの1は、無垢なる存在の魂をイメージさせます。

恐らくその魂や霊は、まだ世間の垢にまみれておらず、真っ白な状態です。

無防備で人を疑う事をせず、誰にでも笑顔を向ける善良な状態です。

けれどやがて成長した時、かって真っ白であった魂は社会の垢にまみれ灰色に変色し、小賢しくなります。真っ白い魂の頃、興味を持ったであろう神や霊や芸術には一切関心を抱かなくなります。

灰色の魂はひたすら金や権力など、即物的な物にしか関心を抱かなくなるのです。

カップの1は、魂が汚れ無き状態であることを示します。

霊感や閃きなど心が豊かな状態であることを示しますが、成功とは縁のないカードです。

心優しいだけでは、成功はつかめないのです。

数字の2

大アルカナ　女教皇（ジョアン）のイメージ　未熟

2は対立と共存と矛盾の数字です。それは男と女のありようにも似ています。

例えば、互いに張り合って夫婦喧嘩ばかりのゼウスとヘラのように。

ゼウスは女性に性的快楽を求め、ヘラは夫に優しさを求めました。

求めるものがまるっきり違うので、二人は喧嘩ばかりなのに、離婚をしません。

ゼウスに至っては、ヘラが決定的な危険に陥ると、身を捨てて怪物と戦ったりもします。

判りあえず対立ばかりなのに別れもせず、2とはそのような曖昧な数字です。

また、女教皇の伝説に例えると、生真面目で賢い女性ジョアンは、女として未成熟なばかりに男の嘘を見抜けず、ひたすら男へ愛を捧げます。

恋愛禁止の教会内で、掟を無視し愛に耽った結果、男の子供を身ごもってしまい…。

彼女の行動は好意的に取れば一途ともいいますが、意地悪く評価すると、愚かで淫乱ともいえます。

2は聡明なのに愚かで、清楚で神聖なのに汚らしく淫乱です。

2つの対立するであろうエネルギーが、矛盾を抱えながら同じ場所に存在するのが数字の2です。

ワンドの2　キーワード：未熟なリーダーシップ

大体のイメージ

正位置▽未熟な支配欲　視野の狭い野心　金銭を求める　ライバル　ベンチャー企業　力の拮抗

逆位置▽親しい人との争い　敗北　損失　身内の争い　打算で付き合う

例えばワンドの2は、世界の頂点に立って、皆から称賛される事を求めます。

ワンドの1の前にもう一人のワンドが現れた風景、それがワンドの2の世界なのです。

ワンド達は攻撃的な性格です。

互いに「お前より自分の方が偉い！」といがみ合っています。

ワンドの2は、強い征服欲、攻撃性を持っていますが、攻撃の対象が目の前の相手しかいないので、力を持て余し、くすぶっています。

彼らに必要なもの、それは広い世界の知識です。

狭い世界で威張り散らすのではなく、自分が活躍できる世界の場所を、誰かから教えてもらう事です。

ワンドの2のカードは、口ばかり達者ではあるけれど、中身が伴わない人というイメージです。

コインの2　キーワード：内向性

大体のイメージ

正位置▽重要な選択　熟考　一つに絞れない　永遠に続く　専守防衛　言い訳

逆位置▽あさはかさ　かけもち　陰湿ないじめ　決断できない　状況が好転しない

コインは無口で内向的な性質です。

敵味方の区別は、見た目や理屈で判断せず、「一緒にいて自分が心地よいか」を判断の材料とします。

もしもコイン同士が同じ空間に存在したら、どうなるでしょうか？

二人のコインは内向的な性格で、自分の感じた言葉を全て心にしまい込み、無言で睨みあうでしょう。互いに心の中ではけたたましく相手を批判していますが、表面的にはただ沈黙の時間が流れます。

コインは寛容だから喧嘩をしないのではなく、争いで平穏な日常を乱されるのが嫌なのです。

何も起こらない、ゆっくりの時間だけが過ぎてゆく世界が大好きなのです。

もしコインの2達の前に、彼らの平穏な日常を壊す存在が現れたら、コインの2はたちどころに豹変して、相手に苛烈な攻撃を仕掛けるでしょう。

ソードの2　キーワード：承認欲求

大体のイメージ

正位置▽潔癖症　文学者　理想主義者　聖職者　時間厳守　計画性　緊張状態

逆位置▽宗教勧誘　ネット依存の人　オールドミス　ひがみ根性　監視　密告

ソード2は攻撃的性格ですが、ワンドのような支配欲に基づいての攻撃性ではありません。

「自分の考えを誰かに認めて貰いたい」

という子供じみたカッコつけさんなのです。

世なれた人なら、自分と反対意見の人と出会っても、特に利害関係がない場合スルーします。しかしソードの2の場合は、相手に自分の価値観を押し付け、相手が自分の意見を認めるまで、徹底的に絡みます。

もしソードの2の前に、もう一人のソードが現れたら、二人のソードは批判の糸口を探ります。相手が自分以上の知識を持っていたら、仲良しになろうとしますが、自分よりも愚かと判断した場合、互いに言葉の刃を突きつけ、相手の心をえぐるでしょう。

ソードの2は支配や力ではなく、知識や理想に憧れを抱きます。

冷たく張り詰めた世界、これがソードの2のイメージです。

カップの2　キーワード：男と女

大体のイメージ

正位置 ▽ 性交渉の幸福　親友　契約成立　収穫　豊穣　協力者　自由　平等　対等の存在

逆位置 ▽ ただれた恋愛　不倫　浮気　陰口　腹黒さ　反発　えこひいき

男と女、二つの霊が出会い、それらが仲良くしているといつか夫婦となり、子供を作ります。

河口では川の水と海水が混ざり合い汽水帯となり、海の生物や河の生物が共棲する命のゆりかごを形成します。

似たような性質で、相反する存在のものは、新しい生命を作るのです。

カップの2は、水という同じ性質のものが仲良く並んだ時、新しいエネルギーが生み出される可能性がある事を示唆しています。

カップの2は、付き合い始めの恋人のように、ただ並んでいるだけで幸福で胸がはちきれそうな、優しい気持ちに満ちている状態を示唆します。

もしカップの2の前に不幸な人が現れたら、彼らは自分達の幸福を少しでも分けてあげて、その人が幸せになるよう、祈る事でしょう。

数字の３

大アルカナ女帝のカードのイメージ　幸福

３は成熟した女性の数字。

２と違い社会性が豊かで、周囲の人間関係に興味を持ち、その人達を幸せにするべく活動します。自分の元を訪れる者が仲良しになれそうな存在なら、その人を取り込み、全力で世話をします。

そういう理由から考えると、３は暖かな母親です。

もし自分の身内をいじめたり、自分に反発する存在に対しては、３は実に陰湿な攻撃を加えます。

３にとって、良い事悪い事を判断する材料は、感覚にもとずく感情です。

なんとなく仲良しになれるとか、かわいいとか、曖昧でそこに理論や法律は通用しません。

もし３の愛する人が、法律によって苦しむと判断した場合、３は

「そんなもの無視してしまえ」

と言い出すでしょう。

同じ女性的な数字の２が精神性を尊ぶとしたら、３は実生活の居心地よさを大切にします。

またインド哲学では３は世界を構成する要素であり、神聖な数字と考えられています。

ワンドの3　キーワード：支え合い創造

大体のイメージ

正位置▽仕事の成功　遠方のチャンス　豊作　植物で良い知らせ　建築　良き協力者

逆位置▽経営悪化　仲間の反発　近場にチャンスを掴む　凶作　倒壊　裏切りの予感

3本の棒で、互いを支え合う形で並べると、三角形ができ上がります。3は創造の数字です。

ワンドは火の性質のカード。ギリシャ神話では、巨人プロメテウスが人間に火を贈り、そのおかげで人間たちは火を使って鉄を加工し、生活に便利なものを色々作り出せたと伝えられます。

「創造の数字3」と「火の属性」をあわせもつワンドの3は、疑いようもなく「創造や発展、幸福」の意味を持つカードであることが判明されました。

ワンドの3は、私達の生活が便利になるものを、色々生み出します。発明品であったり、音楽や小説であったり、形として残る物や記憶に残るものを創造します。

またワンドは木の棒なので、作物や植物が生い茂り、豊かな恵みを人間に与えるという意味にもつながります。

ワンドの3は、誰かと支えあい、幸福なものを創造します。

コインの3　キーワード：美の創造

大体のイメージ

正位置▽ステンドグラス　金細工　時計職人　名声　地位　確かな技術　切り分ける　細かい作業

逆位置▽合理主義者　下積みのまま終わる　独り立ちできない　刃傷沙汰　技術不足　粘着気質

コインの3は、キラキラする物、肌に付けて自分が目立つようなものを愛します。

恐らくコイン3は、金細工やステンドガラスなど、美しい物を作る為の細かい作業が大好きです。

コインは土の属性。土は人間の肉体や物質に関係すると、神秘学では考えられています。

肉体が喜ぶ事、本能的に気持ちの良い何かを作り出したり収集する事を、コインの3は求めます。

例えば手触りの良いタオル、良い香りの石鹸、美味しい料理等々。

おいしい料理を作る時に、大きな塊の材料を適当な大きさに切らねばいけません。

故に料理をイメージさせるコインの3は、鋭い切れ味の刃物などの意味もあります。

又は硬い宝石を加工する為の、頑丈な工具なども連想できるでしょう。

コインの3の意味するものは、美しく快適な物と、それらを加工するために振るわれる、包丁や鉈などの工具など鋭い刃物です。

美しくない物をざっくり切り落とす性格は、非情さや残酷さと受け取られるかもしれません。

ソード3　キーワード：分析

大体のイメージ

正位置▽科学的　分析　別れ　討論　知的好奇心　評論家　さっぱりした気性

逆位置▽迷信　矛盾　口論　暗愚　孤独　悲しみ　冷血

ソードの3は、合理性の塊です。

彼は鋭い観察眼を持ち、状況を正確に観察し判断し、自分に必要な事だけを正確に選び取ります。例えば、心の底では気に入らない奴と感じていても、付き合って自分に有利になると判断した人物に対し、彼はなんの躊躇もなく笑顔で接する事ができるのです。

彼のその姿勢が、人によっては「心がない」と感じてしまう事もあるようです。

ソードの属性、風は人との交流を求めますが、彼は仲良しを増やしたいのではなく、人との会話で新しい発見が得られることを期待しています。友人に求める条件は議論出来る人。

もし、そのような相手が見つかった時は、ソードの3と友人とで激しい議論が行われます。仮に友人から激しく非難を受けても、話に筋が通ってさえいれば彼は冷静にその意見を受け止めるでしょう。

そういう部分では、ソードの3は理性的な人というポジテイブな印象を持たれるでしょう。

カップの3　キーワード：出産

大体のイメージ

正位置▽魂の誕生　豊作　多産　芸術　再生　赤ん坊に関した事　リラックス　休息

逆位置▽享楽　依存気質　ただれた恋愛　幼稚さ　浪費　無計画　怠け者

カップの属性は水、水は神秘学では無意識化の世界とか、霊を意味します。

3は創造の数字、つまりカップの3は霊を生み出す事を意味します。

男と女の霊が出会い、愛し合い子供を出産する事で、霊は父と母と子供の3つになります。

これがカップの3のイメージとなります。

赤ん坊の出産を例えに出しましたが、何かを生みだす作業が、カップの3は大好きなのです。

それらは芸術や音楽や文学などであり、人間の心に幸福感を届けます。

カップの3がいる空間は、幸福でリラックスできる空気で満たされています。

カップの3は誰にでも慰めの言葉を掛けるのですが、時としてその態度は人に享楽性や依存体質の人を受け入れてしまう危険性があります。

カップの3は、恋愛や心に関する問題や宗教に関した悩みでは、幸せな結果を人々に届けます。

数字の4

大アルカナ皇帝のカードのイメージ　支配

4は厳しく怖い父親のイメージの数字。

3のように愛する存在を守ろうという意思はありますが、3が我が子を甘やかすのと対照的に、4は我が子を世の厳しさに耐えられる人間へと鍛え上げようとします。

4は子供が安全に暮らせるよう、世界の安定と秩序を作り、守ろうとします。決まり事を作り、自分に対し反抗的である存在は、恐怖と力で抑えつけます。

4に忠誠と従属の態度を見せた者には、4は実に寛大です。しかし、破壊的な行動をとる存在に対しては、4は実に残酷な対応をします。

3が女性特有の陰湿さで敵に嫌がらせするのに対し、4は直接的な武力で相手を叩き潰す、恐ろしい顔を持っています。

ワンドの4　キーワード：縄張りを守る

大体のイメージ

正位置▽家庭　安定感　地道な生活　田舎暮らし　不動産で良い便り　精神的絆
逆位置▽政略結婚　ワンマン経営　家庭内暴力　離婚　浮気　裏切り

ワンドの4は自分の縄張りに執着します。

彼が求める縄張りとは、家族が安心して住め、食べ物に困らないだけの領土です。決して大帝国を望んでいるわけではありません。

例えばそれが、田舎の小さな一戸建てや都会の中古マンションでも構いません。

家族が落ち着いて生活ができるかどうかが問題なのです。

外の人間には腰の低い人当たりの良い顔を見せるワンドの4ですが、縄張りの住民の前では威厳ある姿で従わせます。

もし、自分の縄張りに踏み込む無法者や獣が出現した時、ワンドの4は命がけでこれらを駆逐します。彼は昔存在したであろう、雷オヤジのような性格なのです。

身内や家族には力で従わせますが、反面家族を危険や貧困から守ろうとする、大きくて武骨な愛を隠し持っています。

コインの4　キーワード：心の中の王国

大体のイメージ

正位置▽地道　地方の財産家　倹約　内向的　頑固さ　高齢の人　地位に固執する

逆位置▽融通の利かない人　吝嗇　排他的　偏屈　ネットに閉じこもる人　ストーカー

コインの4は内向的で実直な性格です。お金の稼ぎ方も、コツコツと小銭を貯めたり、個人商店などで地道にお客さんの心をつかんだりというスタイルを好みます。

コインの4の心の中の風景を覗いた時、人は彼の外見との落差に驚嘆するでしょう。

そこは、高い城壁が町を取り囲む、中世の城壁都市。コインの4は口をへの字にして、もくもくとレンガを積み上げ げ、城壁を拡張する工事を行っています。

その城壁はコインの4の魂を、外敵から守る為存在します。

中世の社会は保守的で、非効率的な世界です。

しかし、それがコインの4には心地よいのです。かれにとって価値のあるものは全てじっくり積み上げてこそ形成されると信じているのです。

コインの4は人間関係や仕事など、欲しいものは地味にコツコツ積み上げて成功をつかみます。

それは要領の悪さにもつながります。

自分が長い時間掛けて貯めたお金や成功ですから、彼は絶対誰かに分け与えようとは思いません。

コインの4がケチとか心が狭いといわれるのはそういう理由からです。

ソードの４　キーワード：閉ざされた世界

正位置▽時間の停止　一時休止　平和　財産　客観的な成功　遺産

逆位置▽罠にはまる　監視　出口の見えない苦しみ　重病　自由へのあこがれ　家庭内の苦しみ

大体のイメージ

ソードの４の心の中の世界、それは四角い部屋、窓からは広がる美しい世界の風景。彼は好奇心旺盛ですが、怖がりで人間嫌い。旅をしてみたいけれど、旅先でトラブルに遭うのも嫌。なので安全な部屋から、本やネットで情報を収集し、空想を膨らませて、楽しむのです。

彼の姿は周囲からは、話しかけにくい人という印象を持たれます。

誰かが声をかけたら、ソードの４は背中から「話しかけるな」というオーラを発するでしょう。別にその人が嫌いなのではなく、ソードの４自身が相手を怖がり威嚇しているのです。

元々は平和主義のソードの４。一度結婚すると、家族を大切にする良き夫となるでしょう。夫としての義務はきちんと果たし、模範的家庭を作り上げるでしょう。

他の旦那様のように、家族を置いて遊びに行くということは、ソードの４に限ってはありません。彼は部屋で本やネットを読んで、１日引きこもります。

ソードの４は、活動的であるはずのエネルギーが、硬く冷たい世界で、様々な理由で自ら活動を停止してしまうイメージがあります。

カップの4　キーワード：無気力

大体のイメージ

正位置▽平凡な日常　飽食　大酒　ぬるい温度　ニート生活　発酵

逆位置▽腐敗　怠惰　長い引きこもり生活　夢遊病　現実逃避　不満を抱える

カップの4の愛する物。それは仲良しがいて、生活するのに必要最低限の金がある生活。何も起こらず、皆が仲良く生活する世界こそ、彼にとって最高に幸せを感じる世界なのです。カップの4は縄張り意識が全くないかというと、さにあらず。彼は心の奥底に、誰にも立ち入らせない王国を持っています。そこは本人の哲学や信条や、時として宗教や美意識が存在します。

普段は穏やかなカップの4ですが、心の王国に土足で踏み込むような事をする誰かが出現した場合、彼は怒りを爆発させます。その怒りの矛先は、自分自身なのですが…。

誰もいない部屋の壁を拳で殴るとか、部屋に引きこもってしまうかもしれません。彼は現実世界に絶望し、永遠に夢の世界に逃避する事で、外敵に抗議の意を伝えようとします。人はそんな彼の姿を、無気力な人と評するでしょう。

数字の5

大アルカナ　法王（ゼウス）のカードのイメージ　制限

数字の5は男性的な数字ですが、4ほど激しい性格ではありません。5も4同様、社会に秩序や安定を求めますが、力や恐怖で弾圧などせず、優しく説教します。数字の4は法の違反者へ、刑罰を用い弾圧しますが、5は罪人に懺悔を求め、罪を許します。数字の5は優しい助言者としての顔を見せますが、人間に内省を求めるので、押しつけがましかったりします。人によっては4よりもしつこくて厄介な存在となります。

ワンドの5　キーワード：威圧

大体のイメージ

正位置▽粘り時　勤勉　出世　名声への執着　目上から愛される　体育会系

逆位置▽謀略　裁判の泥沼化　大金の損失　いじめ　パニック状態　身内同士の争い

陽気なワンドの5の欠点は、自分の価値観を人に押し付ける事。

もしも彼が運動部に入った場合、物凄く厄介な事になるでしょう。

上級生や教師など、権力を持った人の言葉を絶対的な物と信じ、目下の人間に根性論を威圧的に説き、厳しい上下関係を構築するのです。もし彼の目の前で、目上の人に生意気な態度をとる後輩がいたら、彼はためらいなく拳を後輩の頬にめり込ませます。

そういう態度なので、時間とともに彼の周囲から目下の人は離れてゆきます。

もしこれがカップでしたら、皆が迷惑そうな表情を浮かべている事に気が付き、自分の行いを反省するところですが、ワンドは自己アピールに夢中なので、他人の反応に気が付きません。

ワンドの5はにぎやかさ、親しみやすさと、暴力性、支配性、孤立というイメージを持っています。

コインの5　キーワード：貧困

大体のイメージ

正位置▽苦労人　自然災害　貧乏　落ちぶれる　周囲は敵だらけ

逆位置▽倒産　借金　夜逃げ　貧困　いわれのない中傷　突然の裏切り　清貧

コインの5は現実主義者で悲観論者です。彼の想像する未来は全て闇ばかり。

コインの5は身なりは貧しいのですが、お金はしっかりため込んでいます。

人々はそんなコインの5に、お金があるのだから、もっと奇麗な服を着ればいいのにと、といぶかしむでしょう。

しかしコインの5は知っています。どんなに多くの金があっても、生活を切り詰めても、お金は羽が生えている生物のように、あっという間に遠くへ去ってしまうという事を。

コインの5は貧困に陥っています。手元に沢山のお金があっても、です。

お金が減る事への不安や日常の不満を常につぶやきます。そのために彼の毎日は、恐怖と悲しみに満ちています。

貧乏は少しのお金があれば、幸福感を得られます。

が、貧困はどんなに沢山のお金があっても、心が常に恐怖に支配され、永遠に満足するという事をしりません。

コインの5はこれからも永遠に、物質に執着するでしょう。

ソードの5　キーワード：一時的な孤立

正位置▽孤独孤立　沈黙　周囲からの冷ややかな目　空気を読む　不名誉
逆位置▽決定的な敗北　仲間外れ　空気を読まない　努力が無駄になる

大体のイメージ

ソードの5は、自分が話の中心にいないと我慢ができない人でした。

誰かが会話で盛り上がっていると、

「自分ならこうするよ」

と無理に会話に入って行って、場をしらけさせる事が多々あります。

結果、彼は周囲から孤立する存在になってしまったのです。

ソードの5は聡い人なので気が付きます。

会話に入るのはタイミングが必要である事。

今はそのタイミングが掴めないので、学習する必要がある事。

とりあえず当分は沈黙を守り、遠くから人間関係をじっと観察する必要がある事。

時が来たら、ソードの5は目立ちたがり屋のおしゃべりさんに戻りますが、今はじっと場の空気を読む修行中です。

カップの5　キーワード：よどみ

大体のイメージ

正位置 ▽ 過去の清算　ただれた人間関係　断捨離　後悔　忘れたい記憶　現実を見つめなおす
逆位置 ▽ しきり直し　しがらみが切れない　汚職　汚れがたまった部屋　物が捨てられない

カップの5は、よどみの中にいます。

彼は長い事、生ぬるい人間関係や、ほどほどに豊かな生活を送ってきました。それは外部からの刺激が全くなく、カップの5自身も、外からの刺激を排除していました。しかしこのような変化のない環境に居続けると、人間の魂は自堕落になります。

彼はここで、生活に新しい風を呼び込むべく、断捨離を思い立ちました。

最初は部屋のおもちゃを、次にお気に入りの服を、どんどん捨ててゆきます。

部屋がスッキリしたら、次は人間関係の整理です。

人とのつながりを大切にするカップの5にとって、これは大変困難な作業です。

別れた恋人や、悪い遊びを楽しむ友達との思い出の品を、彼は悩みながらも処分します。

彼らの思い出の品が消える頃、カップの5の部屋も彼の心もスッキリすることでしょう。

そうして過去の滓が消えたことで、彼は新たに、良い影響を与える友人を探そうと考えるに違いありません。

数字の6

大アルカナ　恋人のイメージ　エネルギーの移動

6は人を幸福にさせる3がふたつ合わさって誕生する数字です。

例えば上向き三角形と下向き三角形が合体した時、聖なる図形六芒星が誕生します。

この図形は様々な神秘的なエネルギーを生み出すでしょう。

しかし、これは上向きと下向きの三角の力関係が、バランスが取れているからです。

三角同士が相性が悪かったり、どちらかのパワーが強すぎるなど、力の均衡が取れない時は、この六芒星の図形はゆがんだ形になってしまったり、あっという間にバラバラの形状になるでしょう。

まるでそれは男女関係を見ているかのようです。

互いに協力し合えば、調和のとれた家庭が作れますが、お互い意地を張り憎しみ会えば、何も生まれずただ混乱のみが存在するだけです。

ワンドの6　キーワード：努力で掴み取った勝利

大体のイメージ

正位置▽勝利者　良い知らせ　合格　乗り物　高揚感　順調に進む　有能なビジネスマン

逆位置▽知らせの遅れ　乗り物の遅延　油断　契約のトラブル　ぬか喜び

ワンドの6という若者がいました。彼は周囲からお金を借り、ビジネスを始め、大成功しました。ビジネスは成功すれば大儲けをし、失敗すれば巨額の借金を背負う、一種のギャンブルです。人脈があり、機転が効き、胆力のある人でないと、中々成功できるものではありません。

ワンドの6はその危険極まりないギャンブルに挑んで、勝利したのです。

成功者として華やかな生活を送るワンドの6を、多くの人々は羨みます。

上等の服を着て、ポケットはお金で膨らみ、沢山の女を引き連れ、肩で風を切って歩くワンドの6を人々は「ツキまくっている」と羨みます。

しかし彼は見えない部分で、様々なものを犠牲にして、今の成功を手にしているのです。

仕事に不要な人間関係は切り捨て、休日の家族と過ごす時間も犠牲にし、見えない部分で彼はコツコツ努力を続けたのです。

多くの犠牲を払い成功をなしていても、今の成功はまだワンドの6には不満が残ります。

もっと大きな成功を手にせねば、と。

コインの6　キーワード：無理のない範囲で成功

大体のイメージ
正位置▽商人　契約に関する事　人との交流　等価交換　現金取引　小銭のやり取り
逆位置▽巨額のやり取り　詐欺師　電子マネー　多額の負債

コインの6は手持ちの少ない金で、商売を始める事にしました。

小さな店を町の一角に出し、自分が買い集めた小物を並べ、お客さんの顔を見ながら商売をする、いわゆる『商い』です。

ビジネスは大金を元手に、タイミングを見計らって大きな金額を動かして、儲けを出します。

同業者を出し抜き、悪い評判を流し、自分の方の店を宣伝する様子は、戦争さながらです。

時には客へ、価値のないものを価値があると信じ込ませ、巨額の値段で売りつけます。

それに対し、商いは金額が小銭ですので、大成功もありませんが、大失敗もありません。

コインの6の店は、さほど儲けはありませんが、彼はお客との出会いを楽しみにしているので、毎日幸福に満ちています。

ソードの6　キーワード：結果が出せない

大体のイメージ

正位置 ▽ 戦略的撤退　新天地へ希望　しきり直し　新しい人間関係を求める　不安の伴う旅

逆位置 ▽ 夜逃げ　責任逃れ　因習にとらわれる　束縛　融通が利かない人

ソードの6は不器用で不愛想です。プライドばかり高く、商売人のくせに愛想を振りまく事ができません。この人は本当は働き者だし、勉強熱心なので、商売に関した知識だけは豊富なのですが、世渡り下手なので、いつも仕事で苦労します。

ソードの6は、誰かの元で、経理のような細かいデスクワークをしたいと願っています。

しかし、そのためには雇い主にかわいがられる性格でないといけません。

愛想を振りまく事が苦手なソードの6、雇い主を探す事は大変困難でしょう。

いまソードの6は、自分を雇ってくれるかもしれないお金持ちの屋敷へ向かいます。

今度こそ、きちんと雇ってもらわないといけません。無職はこりごりです。

主人に対し、従順で愛想のよい使用人にならねばいけないと、彼は自らに誓います。

とはいえ、人間は簡単には変わる事は出来ません。

今までとまるっきり反対の人生を送ろうというのですから、彼にとっては苦行の始まりです。

カップの6　キーワード：現実逃避

大体のイメージ
正位置▽甘い夢　長期休暇　未熟な恋愛　異世界へのあこがれ　繊細な心　霊感　子供っぽさ
逆位置▽現実逃避　裏表が激しい人　精神不安　ドラッグ中毒

カップの6は夢を見る事が大好きです。なぜなら夢の世界は、光に満ちていて、悪意がなく、人は誰も幸福な暮らしをしているからです。

人の顔色を伺って生活しているカップの6にとって、現実世界は全く魅力のない場所です。

カップの6は他人の心を感じ取る力が鋭く、目の前の相手が何を考えているのか、判ってしまいます。笑顔の裏に潜む悪意とか、打算とか、悪意に満ちた視線の奥には更なる悪意が潜んでいたとか。

それらを知る度に、彼は更に現実世界に絶望します。

仕事から帰宅したカップの6は、今夜もベッドに直行し、夢の世界に浸ります。

夢の世界では、色彩と光があふれ、登場する人は皆、善意にあふれています。

この夢は一生醒めないでほしい、カップの6は切望します。

人の心を知る能力、つまり霊的な力を持つのも、カップの6を見ていますと良し悪しと思えますね。

数字の7　変革

大アルカナ　戦車のイメージ

7は変革の数字です。

6が幸福を掴むため、調和の取れた力を使役するのに対し、7はまず目指す世界を見つけ出し、次にそこへ向かうために力を極限までため込み、一気に大地を蹴って飛翔するイメージです。

エネルギーの一時停止後の爆発ともいえるでしょう。

7が求める世界は、今まで誰も目指そうとしなかった困難な世界です。

高い山の上かもしれませんし、雲の上の世界なのかも知れません。

あまりにもたどり着く事に困難が予想されるので、誰もその場所へ行こうとはしませんでした。

しかしその世界にたどり着いた人間は、どんな願いも叶える事ができるようになるのです。

7は力の集中と、固定概念を否定する、恐れ知らずの若者の数字です。

ワンドの７　キーワード：革新

大体のイメージ

正位置▽革命家　勇敢さ　強気な態度　政治家　演説　入学　新婚

逆位置▽独裁者　無鉄砲　強引な営業　失敗の連続　中古の物で間に合わせる

ワンドの７は革命家です。古い因習や慣例など、不合理だったり矛盾に満ちたものが嫌いです。彼は言葉の力で人の心に火をつけ、古いものを取り払い、新しいやり方を導入させようとします。例えば貧困や差別、病気、あらゆる不幸、それらは根を探ると、権力者達からの都合で生まれ、従う者達は諦めから惰性で従い、結果として強固な封建的格差社会を形成します。ワンドの７はこれら世界の矛盾に憤慨し、何とか変えたいと感じます。しかし、一人では何も変えられないし、どこからか手をつけてよいかわからない。なので彼は演説をし、協力者を集め、新しい多くの人が幸福になる世の中を作り出そうと決断します。ワンドの７は目的のために、後先考えずにひた走る欠点こそあるものの、彼自身、自分のやっている事の無茶は十分承知しているので、失敗した時は潔く自分の非を認める良識は有ります。

コインの7　キーワード：タイミング

大体のイメージ

正位置▽農業や漁業に関する仕事　よくばりすぎ　ちょうど良い時期　収穫

逆位置▽流通産業　タイミングを逃す　不作不漁　注意力散漫　欲深さ　早急な考え

タイミングというのはとても重要です。

ワインもあまりにも長期間保存しすぎると、味が替わり、飲めなくなります。

土地や投資なども、売るタイミングを間違えれば大損してしまいます。

コインの7は、丹精込めて育てた果物の樹を見上げています。

「この果実は日々大きく育っている。もっと待てば、もっと大きく甘くなるだろうか？」

「今収穫してしまおうか？　放置していたら収穫前に、獣に食べられてしまうではないか？」

彼は悩みまくり、結果収穫する事にしました。収穫は、びっくりするほど短時間です。

コインの7は万事、些細な事で悩みます。なので行動を起こすまでに、物凄い時間をかけます。

一旦行動を起こした場合、彼はてきぱき動いて、短時間で結果を出してしまうのですが…。

「緻密だけれど大ざっぱ」「考えはじっくり行動は素早く」コインの7は相反する性格を持ち合わせているのです。

ソードの７　キーワード：変化の前

大体のイメージ

正位置 ▽ 今は動かない　空気を読む　様子をうかがう　罠を張る　内部告発

逆位置 ▽ 卑怯者　嘘つき　腹黒い人　内乱　二面性　罠にハマる

ソードの６が人間的に成長してソードの７になりました。

過去の自分は、偏屈でプライドが高く、おべっかを使うのが苦手で、そのせいで色々な人を怒らせてしまいました。快適な人生を送るためには、まず人に愛されねばなりません。

その為に周囲を観察し、人間関係の上下を観察し、自分がどう振舞うか、適切な判断をせねばなりません。

以前の尊大なソードの７を知っている人なら、彼の決意の内容を知り驚くでしょう。

しかし、彼の笑っていても冷たく光る目には、彼の本質が全く変わっていないことを物語っています。

カップの7　キーワード：旅立ちと不安

正位置▽引きこもりから卒業　新しい環境　引越し　再婚　悲観的な人　子供部屋

逆位置▽複雑な人間関係　不倫　陰口を言う人　罠が張ってある　迷いを断ち切る

大体のイメージ

カップの7は、今までの環境から巣立ねばならぬと感じています。

彼は現実に幻滅し、安全な部屋で甘い夢を見てきました。

が、生活費の心配などで、そろそろ外に働きに出ないといけません。

しかし、外に出る決心やきっかけが掴めず、部屋でぐずぐずしていたのです。

ある時、一人の人物がカップの7の前に姿を現します。その人は親切そうに彼に語り掛けます。

「一緒に外に出ましょう。外の世界は思ったほど悪くありません」

「一人では恐怖でしかない外界も、誰かがそばにいれば、一歩が踏み出せます」

カップの7は未来にわずかな光を見出すものの、別の悪い想像を働かせます。

「何故この人は、自分に優しいのだろうか？　さては何もできない自分を後で笑い者にするため、親切なふりをしているのではなかろうか」

あと一歩で家の外に出られるのに、カップの7は出口で、いつまでもぐずぐず迷います。

数字の８　内省

大アルカナ　正義・力のカードのイメージ

人よりも高みに昇りつめた状態が７だとすると、８は自分自身の行いや人生を振り返る数字です。

数字の８は内省の数字。

自分が今、こうしてこの地位につけたのは、果たして自分の正当な努力や能力によるものだろうか？

自分の知らない部分で、運命の歯車が動いていたり、自分が気が付かない部分で、誰かが力を貸してくれたなどではないだろうか？

８は考えます。

内省とは、物質的には静止していますが、心の中の風景は、思考エネルギーが活発に運動している状態を指します。

ワンドの8　キーワード：ツキを持つ人

大体のイメージ

正位置▽運命の流れ　豊穣　規則性　順調に時間が進む　他者の協力
逆位置▽自己への過大な評価　凶作　急転する事態　急流　トラブルにより遅延

ワンドの8は成功者です。

大きな屋敷に美しい庭園、世間からは彼を称賛する声が寄せられます。

彼は成功を掴むため、若い時は家庭を顧みず、がむしゃらに働きました。

ある時彼は考えました。

「自分と同じ苦労を積んだ人は沢山いるけれど、なんとか成功できたのは自分だけだ。

もしかしたら、自分の実力で成功できたのではなく、たまたま運が良かったのではないか？

だとしたら、どんなに努力しても、運のない人間は一生、くすぶっているだけではないか？」

彼は運命や自然界の前の、人間の存在の小ささを思い震えます。

庭園の咲き誇る花々は、彼の気持ちなどお構いなく、気持ちよさげに風の中でそよいでいます。

コインの8　キーワード：経験で判断

大体のイメージ

正位置▽職人　古くからの知恵　忍耐強さ　人生経験豊かな人　工房　強い精神力

逆位置▽怠け者　老害　実力のなさ　若者　根拠のない自信　経験不足　意志薄弱

コインの8は、現実主義者です。自分の体で感じたものしか信用しません。実際に手で触れ、目で見て、舐めてみて、音を聞いて、素晴らしいものかどうかを五感で判断します。彼の前では、理想論や哲学は空虚であり、占いや伝説などは軽蔑すべき物です。彼は近い未来の出来事は、自分の経験に基づいて予測します。その予測の的中率は目を見張るものがあります。

しかし、遠い未来の予測は、経験則が当てはまらないので、あまりあてにはなりません。現実しか信用しない彼は、暗闇の中を歩いても、怪物に怯えるということはありません。いるかどうかわからない幽霊や悪魔に怯えるよりも、熊など現実にいる動物に恐怖します。

ソードの8　キーワード：自責

正位置 ▽ 他者への攻撃が自分に返る　身動きが取れない　今は耐える時
逆位置 ▽ 周囲は敵だらけ　謝罪の時　不治の病　冤罪　絶望　もがけば更に悪い方向に

大体のイメージ

ソードの8は自責の念で苦しんでいます。自分の性格の欠点を自分で認めてしまう事は、これ以上にない程苦痛だったりします。

過去を振り返ると、沢山の人をつい調子に乗って、酷い言葉で傷つけてきました。多くの人々が彼への憎しみを口にし、彼の元を去ってゆきました。

ソードの8は何度も反省し、もっと人と仲良くなろうと決意するのですが、生来のプライドの高さや偏屈な性格がどうしても表に出て、失言の数々。その度に、喧嘩別れの繰り返しです。

毎度ソードの8は自分の行いを悔み、優しい言葉を口にできる人になろうと決意します。

しかし、この状態はいつまでもつでしょうか？

ソードの8は冷たい合理主義者ではありますが、性悪な性格ではありません。

ただ外見が陰湿そうに見えるので、色々誤解を受けてしまいます。

彼の美点を見出して、受け入れてくれる人が現れる事を願うばかりです。

カップの8　キーワード：平穏さ

大体のイメージ

正位置▽きまぐれな人　揺れ動く心　漠然とした不安　ゆっくり腐るイメージ

逆位置▽夢遊病者　うつ病　マリッジブルー　情緒不安定

カップの8の毎日は、平穏に満ちています。平和主義のカップの8は、皆に受け入れられるのが早く、大勢の友人に囲まれ、毎日が平穏で単調に時間が過ぎて行きます。

仕事も人間関係もまずます。

彼は若い時代は、外の世界に恐怖し、心を閉ざしていましたが、実際社会に出てみると、大体はいい人ばかりで、そんなに嫌な思いもしませんでした。

しかし、カップの8は、あまりにも単調な毎日を過ごすうち、性根が堕落してしまいました。

「失敗したら責任を他人になすりつけ、逃げてしまえばよい。

それでも責任を追及されたら、愛想を振りまいて場をごまかせば良い」

果物も人間も、刺激のない暖かな環境に置かれると、ゆっくり腐って行くようです。

数字の９　霊性に関する事

９は大アルカナの隠者のカードのイメージ

９は古代インドでは、最高に幸福な数字と考えられています。

３は創造と祝福の数字、幸福な数字が３つ集まる事で、最大級の創造と祝福のエネルギーが作り出されるのです。

神は大昔、人間と共に存在していました。

しかし人間の生活が便利になって、人々が神を崇拝しなくなったので、神は人間達の前から姿を消しました。

９は姿を消した神の姿を見出すために、内省し霊性を高め、闇に姿を隠す神の気配を感じ取り、それらを集める旅をします。

一つ神の気配を感じ取る都度、彼の心は歓喜にうち震えます。

数字の９は極上の存在を手にするため、自らを苦境に置こうとする修行者という所でしょうか？

外見こそ謙虚なしぐさをしますが、内心は彼は自らを神に近い存在にしたいという、とんでもない野望を抱いています。

ワンドの9　キーワード：輝ける存在

大体のイメージ
正位置▽決断力　人望　領土問題　強い信念　力をためる　未来を待ち望む
逆位置▽侵略戦争　重責　敗戦　非難　不名誉　強さ　苦しみから逃げる

人間の人生は、超自然的エネルギーの宿命と言うものに支配されています。本人の努力だけではどうにもならないものであったりします。

だからこそ、この制御不可の力にあえた逆らう人間は、輝いて見えるのです。

ましてや自分だけではなく、多くの苦しんでいる人を救おうと苦しみに立ち向かう人は、神々しささえ感じるでしょう。

今のワンドの9がまさにこの状態です。

目の前に立ちふさがる高い苦難の壁、大勢の弱き人と共に、それを撃破せんと彼は行動します。

油断すれば命すら落としそうな状況なのに、あえて苦境に挑む彼。

誰かが彼に、無償でなぜ危険な状況に身を置くのかと尋ねたら、彼は答えるでしょう。

「その方が、かっこいいから」

苦難と戦う高貴な魂を秘めていながら、彼は気さくに振る舞い、多くの人々に希望を与えます。

コインの9　キーワード：物質的安定

大体のイメージ

正位置▽叡智　豊穣　玉の輿　出世　幸福な家庭生活　貯金

逆位置▽頑固　飢饉　拝金主義　孤独　金目当ての結婚　財産をめぐる争い

コインの9は、郊外の大きな家に住んでいます。
彼は波乱の人生を歩み、様々な事を経験しました。
一時期は、金よりも愛や芸術などロマンを追い求める時期がありました。
しかし、彼は最終的に一つの結論に達します。
どんな綺麗事をいっても、結局は金である、と。
「大好きな恋人や友人と毎日一緒でいると、さすがに疲れてしまう。
しかし金はどうだろうか？
一日中、自分のそばに有っても安心感こそあれ、不安にさいなまれるという事はない」
これがコインの9の出した結論です。
とはいえ、コインの9は巨額は求めません。
「多すぎる金は、争いの元。自分が築き上げた平穏な毎日が壊れてしまう」
日々の糧を得るだけの金額が欲しい、と彼は考えます。

ソードの９　キーワード：知ることは傷つく事

大体のイメージ

正位置▽深い悲しみ　敗北　神経質　外聞を気にする　不眠症　ノイローゼ
逆位置▽弱いものいじめ　強い攻撃性　ヒステリー　精神病　自殺願望　悩む事をやめる

ソード９は観察力が鋭いので、ちょっとした相手の表情や口ぶりで、相手の心の動きを分析し、思考を理解します。

ソードの９の前に、彼の片思いの人が、作ったような満面の笑みを浮かべて話しかけてきました。

彼の心に大きな剣が突き刺さります。

彼は知ってます。

「本当に嬉しい時は、人はかすかな笑みを浮かべる。

不自然すぎる満面の笑みは、心の中の悪意をごまかす為」

なぜ片思いの人は、自分に悪意を抱いているのでしょう？

彼女との会話や素振りから本音を分析し推察するのは簡単ですが、それを知っても良い事は何もないでしょう。

知るということは苦しみを抱える事、悲観論者のソードの９は考えます。

カップの9　キーワード：平和主義（ウィッシュカード）

大体のイメージ

正位置▽願いが叶う　許し　聖なる魂　善人　多くの選択肢　繁栄の予感

逆位置▽希望は叶うが時期が遅れる　部分的にしか、実現しない　人に利用される

カップの9、それはタロットカードの中で最も幸せなカードです。

カップは霊的な事を示します。

霊とは宇宙とつながる魂、インスピレーションや美的センスを人間にもたらす素晴らしいエネルギーです。

9は幸福の数字3の3倍の数字、つまり最高に幸福な数字というわけです。

幸福な数字に支配された霊魂というのは、のびやかに活動し、人間に奇跡を起こす力を与えます。

カップの9を、私達はウィッシュカードと呼びます。

カップの9がタロットのスプレッドのどこかに出た場合、相談者の希望は、必ず叶うとされます。

但し、そのタイミングがいつなのか、どの程度願望が叶うかは、全体的なカードの配置で解釈して下さい。

数字の10　成就　目的達成　宿命

大アルカナ　運命の輪のカードのイメージ

10は成就の数字。

成就とは、肉体も精神も神に近い状態まで昇華された状態の事です。

その状態に到達すると、貧困や弾圧にあっても、心は静まり返り幸福に満ちあふれています。

神は迷いません。自分の発言に絶対の自信を持ちます。

それが善か悪か、他者の評価は耳に入りません。

10は自分の力で一つの世界観を完成させた状態なのです。

ワンドの10　キーワード：王座

大体のイメージ

正位置▽力ずくで築いた成功　重責　王者の義務　称賛　勝利　自信家

逆位置▽中身の伴わない人　浪費癖　暴君　独りよがりの正義　責任の放棄

ワンドの10は、謀略の限りを尽くし、やっと王座を掴みとりました。

これまで悪だくみもし、人を踏み台にした事もありました。

最初は皆を争いから守る為には自分が王になるしかない、という使命感があって権力の座を求めたのですが、金と権力を手に入れてからは欲深になり、ひたすら権力の維持に執着するようになりました。今は貪欲さが増大し、より広くの領土と財宝を必要としています。

あらゆる栄華を楽しむワンドの10。

今は多くの人々を圧倒的な力で服従させていますが、権力の座は頂点についた時点で、いつか別の人間に、金も命も奪われてしまうのです。

そしてワンドの10は、その恐怖を誰よりも知っています。

なぜなら自分が過去、そうしたから。

黄金の椅子に座りながら、尊大な態度を見せつつ、内心は新たなる征服者に怯えるワンドの10でした。

コインの10　キーワード：贅沢

大体のイメージ
正位置▽美声　美貌　健康な肉体　家族　実直　才能　財力　人脈　財産
逆位置▽破産　窃盗　浪費　貧困　無学　孤独　ギャンブル好き　家族の不幸

コインの10は財産家です。

彼は贅沢を楽しみつくします。

贅沢は無駄遣いと違い、大金を失うのと引き換えに、心を豊かにします。

世間的に価値がない、と判断しても本人が宝と感じたら、コインの10は惜しげもなく大金を投入します。

おもちゃや絵画、コンサート、宝石、起業で汗を流す若者、家族等々。

静かに暮らしさえすれば一生食うに困らないお金と、多くの友人や家族という金では得られない宝に囲まれ、コインの10は幸福の絶頂にいます。

ソードの10　キーワード：没頭

大体のイメージ

正位置▽エゴサーチ　研究家　社交家　冷静さ　理系　外科医　世捨て人　解脱

逆位置▽悪意ある噂話　冷血　毒舌家　絶望　不治の病　大金を失う

ソードの10は無理して社会に溶け込むことに疲れてしまいました。

我慢して他者と仲良くしようともしました。しかし、人間の本性を知り、他人の評価に怯えながら生きることに彼は疲れ果てました。

ソードはカップのように霊感で相手の心を感じ取る、という能力はありません。けれど相手のしぐさで、その人が何を考えているかを分析する事は出来ます。

「こいつ、本ばかり読んで暗い奴、不愛想」

なので彼はある時から、周囲の評価を一切無視することに決めました。

基本的に人間は、自分以外の人間に辛辣な評価しか与えない残酷な存在。そのような存在の顔色を伺い、自分の人生の貴重な時間を浪費して、良いことがあるだろうか、と。

彼は学問の世界で、思う存分研究に没頭します。

数年後、彼は研究の世界で目覚ましい結果を残す事でしょう。

人の反応を気にして生きるより、自分の納得できる生き方をした方が、絶対幸福です。

カップの10　キーワード：カリスマ性

大体のイメージ

正位置▽社会的信用　宗教家　平和　許し　暖かい人柄　弱者救済　良い家柄
逆位置▽不安　薬への依存　偽善者　詐欺師　妄想に逃げ込む　霊的世界への憧れ

人生で最も価値があるとされる宝、カップの10はそれを霊だと思いました。

至高の霊は、手に入れても、現実的には何も良い事はありません。

霊でお腹が一杯にはならないし、超能力で空を飛ぶ事も不可能です。

しかし、至高の霊は、人間の抱える煩悩を払い落してくれます。

煩悩や執着から開放された人間は、空腹やお金を持っていない状態になっても、恐怖心を覚える事はありません。

心が幸福感で満たされているからです。

カップの10の魂は、宇宙とつながった状態にあるので、心は常に静まり返っています。

彼の浮かべる笑顔は、人々の心に安心感を届けるでしょう。

彼はあえて「愛と平和」という教条的な事は発言しません。

しかし彼が立っている場所は、常に愛に満ちています。

多くの人々が彼を慕い、集まって来るでしょう。

コートカード

小アルカナカードの人物が描かれた部分は、コートカードと呼ばれます。
４つのマークにそれぞれ、ペイジ（プリンセス）、ナイト（プリンス）、クイーン、キング
で構成され、それで1セットです。
これをコートカード（法廷カード）またはパレスカードと呼びます。
王族が描かれているのに、なぜ「法廷」と呼ぶのかと言いますと、古い時代、裁判は王宮で行っていたから
だそうです。
コートカードに描かれた人物は、ペイジ以外は全て歴史上の有名人で構成され、人々は彼らの性格や業績を
思い出してカード遊戯に興じたと言われます。
当然、地方や時代によって、描かれる人物は若干の違いがあるようです。
西洋社会では当たり前のように語られる英雄達の話ですが、私達日本人にはなじみのない名前が数多く登場
し、戸惑うわれる事も多いでしょう。
なので簡単にその歴史上の人物名と業績を紹介いたします。

ペイジ

ペイジという言葉は、「若い人・学ぶ人」という意味で、元来は学生や少年を指しますが、タロットで描かれているペイジは上質の服を着てひげを蓄えた青年が描かれています。

恐らく彼らは、社交界に入りたての貴族の子弟か、王の召使あたりがその正体だと思われます。

ペイジは、ナイトや女王、王の命令に従って動きます。自発的に活発に動きません。

彼は徒歩で移動するので、活動範囲は狭く速度もゆっくりです。

ペイジのカードが出た時は、環境の変化は限定的で、変化の速度も徒歩の速度のようにゆっくりでしょう。また幸運の掴み方も、誰かの影響の元に行動して幸せを掴みます。

仮にカードが逆位置に出ても、運命の下降の速度は緩やかで、不幸の範囲は限定的と言えるでしょう。

ワンドのペイジ

小鳥のように軽やかな足取りで旅を続けるワンドのペイジ。あたりは緑が萌え、美しい季節の山道です。
ワンドのペイジの胸中は、喜びと希望ではちきれそうになっています。

大体のイメージ

正位置▽幸福な連絡が来る　身軽さ　武闘派　赤毛の陽気な若者　スポーツの世界で成功
未来への希望　運気の上昇　突然の好機　目上の人との縁

逆位置▽不幸の便り　不確かな噂　悪意　派手で浪費家　暴力的な人　陰湿なストーカー
足元をすくわれ失敗　他者の幸福をねたむ　虚栄心

ワンドのペイジは体育会系のノリの若者です。

赤い髪、細く引き締まった体、しなやかですばっしこい身のこなし、恐らく普段から体を動かす事が大好きな人のようです。

ワンドのペイジは、自分と似た明るく豪放な人を求め、彼を主人としていて忠誠を誓います。

今、ワンドのペイジが帽子を脱いで、かしこまったような、戸惑ったような表情で立ち止まります。帽子を脱ぐしぐさは、自分より格上の人に出会った時、敬意を表すしぐさ。

恐らく、画面の手前側に、ワンドのペイジの主人が佇んでいる事でしょう。

ワンドのペイジが首を傾げつつ口元を緩めているという事は、今、喜ばしい報告を主人から聞かされているのでしょうか。

コインのペイジ

ごつごつの岩が転がるきつい傾斜の山道を、コインのペイジが汗を流しながらゆっくり旅をします。目的地はまだ遠く。しかし、彼は決して進路を変えたり、旅の取りやめはないでしょう。彼は仕事は必ずやり遂げる男なのです。

大体のイメージ

正位置 ▽ 学生　財産に関した良い知らせ　就職　勤勉　努力を積む　定期収入

ゆっくりではあるが確実に結果を出す　長い時間コツコツ積み上げる成功

逆位置 ▽ 不労所得　ギャンブルの収入　見通し立たない未来　冗談の通じない人

作業手順が遅い　運気低迷から抜け出せない　あきっぽさ　借金生活

コインのペイジは、古めかしい趣味の服を好んで着ます。彼は寡黙で努力家で、つつましい生活を好みます。彼は普通を愛し、平穏な毎日が続いてほしいと願うのです。彼のしぐさは重々しく、一緒にいて面白味にかけるところがありますが、誠実でバランス感覚があるので、一生安心して付き合える良きパートナーとなるでしょう。

彼は自分の主人には、温和さ、常識ある態度を求めるでしょう。

自分の主人に対しては、陰から支えるような、さりげない忠誠を見せます。

コインのペイジが、大きな金貨を抱え険しい山道を進んでいます。疲れたらちょっとだけ休憩しますが、休む度に大きな金貨を太陽にかざし、その美しい輝きに、満足そうな笑みを浮かべます。

そうしてまたゆっくり立ち上がり、旅を続けます。

彼は、この金貨を主人に届ける長く苦しい旅の途中のようです。

岩だらけの道は険しく、足場は悪いので、ゆっくりとしか進めません。

目的地はまだ遠くですが、それでも彼は辛抱強く旅を続け、必ず目的地まで歩き続けるでしょう。

ソードのペイジ

寒風吹き付ける荒涼たる世界。
あたりには敵の潜む気配が漂います。
ソードのペイジが、空間に満ちた敵意を切り裂いて進みます。
ソードのペイジは誇り高い男なので、危険な状況にあっても、恐怖から逃げだす事など、自分のプライドにかけて絶対しません。

大体のイメージ

正位置▽スマートな若者　合理性　用心して進む　知性的　素早い動き　敵の気配　自ら危険な状況に飛び込む　魂の高貴さ

逆位置▽悩んでばかりで前進できない　プライドの高い人　陰謀　スパイ　攻撃を受ける　敵を作りやすい性格　孤立無援　相談相手がいない　病気　大けが

ソードのペイジは、青白い肌に陰鬱な表情を浮かべたスマートな肢体の青年です。彼は合理性を追求し、用件だけを言葉少なに人に伝えます。そんな彼を人は、理知的な人と評します。彼は自分の主人に知性を求めます。

例えば莫大な財力を持っている主人であっても、その人が暗愚な場合は、彼は決して忠誠を誓ったりはしません。

首をやや傾げ、腰に手を当てたソードのペイジ。

剣を構え、油断なく周囲に目くばせをし、敵の気配を伺っています。草むらに敵が潜んでいるのでしょうか？

ソードのペイジはもしかしたら、主人よりスパイの役目を仰せつかっている最中かもしれません。

または自分の主人の秘密を探る、敵方の人間の可能性なのかも。

命の危機が忍び寄る、危険な時間がじりじりと過ぎてゆきます。

カップのペイジ

聖杯を静かに掲げ、王座の前へ静かに歩み寄るカップのペイジ。彼の胸中は、これから起こるであろう奇跡を目にすることで、喜びに震えているのです。
彼は自分自身を従者ではなく、殉教者だと考えています。

大体のイメージ

正位置▽うきうきする連絡　遊園地　ふわふわした動き　歌やダンス　平和主義者
聖職者　純粋な魂　理想を追い続ける　芸術への関心　奇跡を起こす予感

逆位置▽幼稚な言い訳　あきっぽい　浪費家　男女間にだらしない人　その場限りの嘘
技術や知識が伴わない　薬物やアルコール　オカルトへの過度な関心

カップのペイジは涙もろく慈悲深い青年です。肌が白く、のんびり話す彼、どことなく女性的な雰囲気を持っています。

彼は奇跡を起こす人や教会関係者のしもべであろうとします。

帽子を脱ぎ、前方に恭しく進み出でるカップのペイジ。

それは前方に存在する人物に、最大の敬意を示しています。

彼が手にしているのは、

「所有者の望みは何でも叶える」

と信じられている、キリスト教徒の宝「聖杯」です。

王達が争って求めた至宝を、カップのペイジは迷いなく自分の主人に捧げようとしているのです。

もしかしたら、カップのペイジの主人は、聖職者なのか、神なのかもしれません。

カップのペイジは夢見るようなうっとりした表情を浮かべ、ゆっくり前に進みます。

ゆっくりした、ふわふわした世界がそこに広がっています。

ナイト

ナイトは馬にまたがり、颯爽と前進します。

馬は風のように素早く目の前を通り過ぎます。

ナイトは王の家来ではなく、一人ひとりが領主であり、国王と主従関係はありません。

彼らは自分の判断で、王に協力したいと考えた時だけ王に従います。

それは、利害関係であったり、騎士道という美学に基づいてだったり、理由は様々です。

ナイトのカードが占いに出た時は、この先の運命がまるで風のように早く動いたり、自分の判断で困難に勇敢に立ち向かい、勝利する事を示しています。

ワンドのナイト　円卓の騎士ランスロット

陽気で豪胆でまっすぐな正義の心を持つワンドのナイト。裏表がない彼の性格を慕い、多くの人々が集まります。欠点は後先考えずに行動するところと、人を信用しすぎるところ。今、命令を受けた彼は、目的地へと嵐の如き速さで馬を走らせます。

大体のイメージ

正位置▽陽気な若者　赤毛　移動　引越し　車　昇進　スポーツマン　ベンチャー企業の社長
情熱的な若者　目的に向かいまっしぐらに突き進む　忠誠心　急激な変化

逆位置▽急な引越し　夜逃げ　交通事故　上司とのトラブル　騒がしい人　迷惑系配信者
偏った正義感　怒りっぽい人　人との衝突　破局

ワンドのナイトのモデルは、アーサー王伝説の円卓の騎士ランスロットです。

彼は勇敢な騎士で、美青年で女好き、常に女性との恋愛の噂が絶えない人でしたが、いざ戦いとなると、誰よりも勇敢に戦場を駆け抜けたと言われています。

ある時、彼はアーサー王の妃グイネイヴィアと恋に落ちてしまいました。

これが原因で、彼は主人アーサーと激しく対立する事になります。ランスロットは騎士達の人望が厚かったので、騎士達はアーサー王のいう事を聞かなくなり、アーサーの国は二つの勢力で対立するようになってしまいました。

その後、大きな戦争があり、ランスロットの協力を得なければ勝てない事態になりましたが、アーサーは意地を張り、大敗してしまいます。彼はその時の傷が元で、命を落としてしまいました。

ランスロットがその気になれば、アーサーの死を利用して、王座と王妃を自分の物にできたのですが、彼の騎士としての誇りがそれを許しませんでした。

アーサーの死後、グイネイヴィアとランスロットは出家して、二人とも二度と会わなかったと伝えられます。

ワンドのナイトは陽気で華やかで、豪胆さと気高さを持った騎士道のお手本のような性格です。

コインのナイト　トロイの王子ヘクトル

重い鎧を厳重に着こんだコインのナイト。彼は人を攻撃することは苦手ですが、防御にかけては完璧です。
彼のまたがる馬は、農耕場のように巨大でゆっくり動きます。騎士も馬も、両者とも戦が大嫌いなのです。
けれど、自分の仲間が傷つけられた時、両者とも豹変して勇敢に戦場を駆け抜けるでしょう。

大体のイメージ

正位置▽実直で温和　育ちの良い人　銀行家　土に関わる仕事　収穫　豊穣　ゆっくり幸福が訪れる　受験合格　約束は守られる　五感で判断する

逆位置▽金しか信じない人　行動が遅い　臆病さ　融通の利かない人　出来の悪い家族で悩む　急な気変わり　愚鈍　受験落第　契約不履行　占い依存症

コインのナイトは、トロイ戦争で活躍したヘクトル王子がモデルです。

彼は黄金のリンゴ伝説で有名な、羊飼いパリスの兄。争いを好まず、教養があり温和、民を大事にする王族の手本のような人でした。

しかし、弟パリスがスパルタから人妻ヘレネと財宝を盗んできたため、スパルタとの戦いに巻き込まれてしまいます。ヘクトルはスパルタの恐ろしさを知ってたので、何としてでも戦争を回避する手だてを探していましたが、戦争が始まるや覚悟を決め、国民を守るため勇敢に戦い命を落としました。

なお戦争の原因を作ったヘレネとパリスは、安全な場所から高みの見物。しかしパリスも最終的には戦死し、ヘレネは夫のスパルタ王に連れ戻され、トロイ戦争は終結します。

コインのナイトは、苦労人で温和で戦闘を好まない騎士です。自分から人を攻撃する事は苦手ですが、殴られ強さを持っています。

ソードナイト　オジェ

ソードのナイトの剣は剃刀の切れ味。鋭く冷たく、敵はおろか味方すら凍り付かせる、虐殺者の剣。

多くの人々は彼を恐れ、彼はいつも独りぼっち。

だが、それでよい。

「世界の秩序を守る番人は、人々から恐れられ忌み嫌われなくてはならない」

ソードのナイトは思うのです。

大体のイメージ

正位置▽破壊者　力で奪う勝利　早い解決　手腕を発揮　反逆者　高い自尊心　風のように早い状況変化　秩序を守る人　禁欲的思考　悪い部分を切り取る

逆位置▽暴力的な人　弱い物いじめ　見落としのミス　無能力　強い人の威を借りる　隷属　再起不能　財産喪失　追われる立場　戦いは終わらな　不名誉な噂

ソードのナイトのモデルは、フランス王シャルル大帝12人の勇士の一人、オジェがモデルです。

オジェはデンマーク貴族の息子でした。彼の父親がシャルル大帝に無礼を働いた罰で、フランスに人質として監禁されてしまいます。

その後のオジェの人生は、戦いと、監禁と反逆の繰り返しで、苦難に満ちた人生をおくります。

老境になり、イギリスの王女を救出したご褒美に、彼は王女と領地を貰い、ようやく静かな人生を手に入れるのでした。

オジェの伝説はランスロットのような華々しさが全くありません。

オジェはデンマーク人であるにもかかわらず、イギリスで愛されている騎士です。

それは当時のイギリスでは、

「苦難の中にあっても決して折れない心こそ、騎士の鑑」

として考えていたからに、他ありません。

オジェは先の折れた剣コルタスを大事にしていました。

この剣は現在は、英王室で「慈悲の剣」と呼ばれ、戴冠式の時に使用されます。

愛馬にまたがり颯爽と駆け抜けるソードのナイト、いつもの命がけの戦いが待っています。

カップナイト　憤怒公ラ・イル

カップのナイトは気まぐれで、美しい何かにしか命を捧げません。
今、カップのナイトは手にした盃をじっと見つめ、何かを考えています。
答えが出るまで、彼は馬をゆっくり進ませます。いつでも方向転換できるよう。気分次第で、彼は来た道を、さっと引き返すかもしれません。

大体のイメージ
正位置▽究極のロマンチスト　殉教者　聖なるものへの憧れ　宗教や神に関する事　信仰　霊的才能　清らかな心の人間の守護神　ゆったりとした動き
逆位置▽詐欺師　不誠実な人　性的な物への関心　残虐さ　打算的な人　気まぐれ　積み重ねたものを一瞬で破壊する　依存症　精神不安定

カップのナイトのモデルは、ジャンヌ・ダルクの戦友で「憤怒公」とあだ名をつけられた傭兵隊長ラ・イルだとされています。

ラ・イルは粗暴で、教会や王にも不遜な態度をとりました。

しかし彼はジャンヌ・ダルクには従順であったと伝えられています。

恐らく、死と隣り合わせの生活をする彼には、人間の本質を見通す第六感があり、権力者達の腐敗した魂が、軽蔑に値するものと感じたのではないでしょうか?

貧しい人々には重税を、兵士達には無理な命令を下し、自分達は安全な場所でぬくぬく肥え太り。

戦争の動機も、結局は自分の私利私欲。

「なんと愚劣な連中であろうか」

その中で、私欲のないジャンヌ・ダルクは、彼にとってけがれ無き希望の光として映った事でしょう。

カップのナイトが、聖杯に自らの心臓と情熱を入れて、聖女ジャンヌに捧げます。

あなたの為なら死んでもよいという事を、彼は強く訴えます。

彼にとってジャンヌこそ神であり、彼は彼女の殉教者なのです。

クイーン

美しく威厳があって、多くの人々から憧れの対象として扱われるのが、クイーンです。

王は権力と力と恐怖で人を支配するのに対し、クイーンは美しさと憧れで、人々の心を魅了します。

宝石で身を飾り、贅沢を楽しみ、男どもに命令もでき、クイーンの生活はいい事ずくめのようにすら思えます。

しかし、女王というものは夫である王の保護下にあってこそ、その権力を発揮できるのです。

ひとたび夫の怒りを買ってしまえば、彼女は女王の座を追放されてしまう不安定さも秘めて言うます。

女王が誰かの運命を救いたいと思った時、彼女は自分自身で動くという事はできません。

ナイトかペイジあたりに命令を下し物事を動かします。

彼女は物事の良し悪しを感情で決めます。

法律や政治的なパワーバランスを考えて、自分一人で決断を下すという事はソードのクイーン以外は行う事はないでしょう。

ワンドのクイーン　マリー王妃

王笏を握りしめつつ、人懐っこい笑顔を浮かべるワンドのクイーン。彼女は政治に関心を持ち、男相手にはっきりと自分の意見を述べる聡明さを持ち合わせています。どんな困難な状況に身を置いても、彼女は明るい笑顔を浮かべ、周囲の人間を鼓舞する事でしょう。

大体のイメージ

正位置▽既婚の女性　内助の功　田園　女性実業家　宝石　高価な服
指導力　問題解決のアイデア　鋭い第六感　家柄の良さ

逆位置▽家庭生活がおろそか　夫をないがしろにする　閉鎖的な田舎　目先の利益しか考えない
目立ちたがり　浪費家　自信過剰な人

ワンドのクイーンのモデルは、薔薇戦争時代に存在したフランス王シャルル7世の妻、マリーです。彼女はフランス大貴族の父と、現在のスペインあたりに存在したアラゴ王国の王女である母の間に生まれた美しい女性です。

夫シャルル7世は気の弱い夫で、気の強い生母と気の強い愛人に挟まれ、いつも神経をすり減らし、国民からシャルルを馬鹿にしていう事を聞きませんでした。

王であるにもかかわらず生活は困窮し、服はいつも破れてボロボロの状態です。

裕福な育ちをしたマリーですが、夫との貧乏暮らしに文句をこぼす事はなく、常に笑顔でいました。ジャンヌ・ダルクがシャルルの元を訪れ、イングランドと戦争することの必要性を説きましたが、シャルルは面倒に巻き込まれることを恐れ、彼女を追い返します。

しかし、マリーはジャンヌの資質を見抜き、夫を辛抱強く説得し、ジャンヌを軍隊の指揮官に任命させました。

ジャンヌの活躍により、シャルルは徐々に力を持ち、名実ともにフランス王として認められるようになったのです。

マリー王妃は普段は控えめな性格ですが、秘めた強さを持ち、聡明な女性でした。

もし彼女が夫を説得していなければ、今日の世界地図からフランスという国は消えていたかもしれません。

コインのクイーン　ヤコブの妻ラケル

恥じらいを帯びた表情でコインを掲げ勝利宣言するコインのクイーン。
彼女はおそらく奥ゆかしい性格なのかもしれません。
質素なドレスをまとったコインのクイーンですが、彼女の王国は繁栄しています。それは彼女が、夫の仕事を陰から支えているからに違いありません。

大体のイメージ

正位置▽思いやりのある女性　暖かな家族　繁栄　豊作　素朴な女性　倹約家　控えめな妻
子供の教育熱心　未来の為に少しずつ積み上げるイメージ　他人の幸福を心から願う

逆位置▽吝嗇　家庭不和　愛人問題　無駄遣い　無学　外部に無関心　過保護な母
みすぼらしい生活　場違いなふるまい　無教養　不妊問題

コインのクイーンのモデルは、旧約聖書に登場する、ヤコブの妻ラケルです。

ユダヤ十二士族の族長であるヤコブは若き日、兄と父をだまし、家の財産を独り占めしようと企みます。しかしその企みがばれて、怒り狂った兄に家を追い出されたヤコブは、長い放浪の旅の後、叔父の家に転がり込みます。

叔父は、最初からヤコブが好きになれず、何かとつらく当たります。

一方、叔父の娘ラケルはヤコブを好きになり、彼を陰から支え続けました。

幾多の障害を乗り越え、二人は無事夫婦になれましたが、それには長い時間を要しました。

そして二人の間に子供が授かりません。

子供ができないという事は、ユダヤ人社会では大問題なのです。

そこでラケルはヤコブに、愛人との間にできた子供を跡継ぎにするよう提案しました。

おかげでヤコブの一族は多くの子供を作り、繁栄したそうです。

コインのクイーンは、４人のクイーンの中で、一番質素なドレスを着ています。

しかし、満面の笑みを浮かべる彼女は、ドレスや宝石よりも大切な宝を持っている、と言いたげです。幾多の困難を夫とともに乗り越えた彼女は、芯の強い女性なのです。

ソードのクイーン　戦いの女神アテナ

シンプルで洗練されたドレスをさらりとまとう、ソードのクイーン。剣を油断なく構える彼女は、世界の秩序を守るためなら、どこまでも冷酷になって戦うでしょう。それでも多くの人々がソードのクイーンに惹きつけられるのは、彼女が心正しい人には温情を与える優しい面を持っている事を知っているからです。

大体のイメージ

正位置▽清純　恋愛に不慣れな人　才女　物質的には困らない　芯の強さ　冷たそうに見えて慈悲深い　公正　才能を発揮する　勝利

逆位置▽意地悪　神経質な女性　男性恐怖症　無教養　気位の高さ　敗北　気性の激しい女性　相手を徹底的に追い詰める　失恋　離婚　冷酷残忍

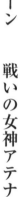

ソードのクイーンのモデルは、知恵と戦いの女神アテナだと言われています。

マルスが戦いに「勇敢」さを求めるのに対し、アテナは戦いに「正義」を求めます。

アテナは暴力や殺戮を好まず、戦争を早く終わらせるために、正義側と判断した英雄に力を貸して、戦争の被害を最小限に収めようと務めるのです。

生真面目で男嫌い、学問や文学を愛するアテナは、ヘラを慕い、ヘラもアテナへ多くの祝福を与えていました。

剣を手に取り、真正面を向いて私達に何かを語り掛けるソードのクイーンの表情は、女王というよりも、大学の教授のようであります。

彼女の持つ剣は、人を切りつけるものではなく、難解な知恵を切り分け、わかりやすい言葉に置き換える魔法の杖なのです。

ソードのクイーンは、４人の女王の中で一番賢く、威厳にあふれています。

王がいなくともソードのクイーン一人がいれば、王国は繁栄するかもしれません。

カップのクイーン　未亡人ユディト

夢を見ているかのような茫洋とした表情で、歩を進めるカップのクイーン。少女のように儚げで、男であれば思わず守ってあげたくなる雰囲気をまとっていますが、その瞳の奥底には、狂気が潜んでいます。

彼女は常に理想を追い求め、霊的な世界に強い関心を持ちます。

大体のイメージ

正位置▽優しい母　美しい恋人　夢見がちな女性　安らぎ　安定した未来　霊感の強い女性　幸福を与える人　豊かさ　魂の安らぎ

逆位置▽軽薄　無計画　アルコール中毒　思い込みの激しい人　ヒステリー　妄想　狂気　突如として凶行に走る　不名誉な噂　目先の事しか考えない人

カップのクイーンは、旧約聖書に登場する、アッシリア王を暗殺した未亡人ユディトです。

裕福な家に嫁いだユディトは、夫によく尽くし、周りが羨むほど仲の良い夫婦でした。

夫の死後は、彼の魂が天にいけるようにと、財産の殆どを神殿に寄付し、静かな祈りの生活を過ごしていました。

ある時、アッシリアの軍隊がユダヤの地に押し寄せます。

「夫の愛したユダヤが、異民族に汚されてしまう!」

彼女は激しく憤り、売春婦に変装して、アッシリア軍の宴に潜り込み、将軍にたらふく強い酒を飲ませて、彼が油断した時に隠し持った短剣で首を切り落としました。

自分達の将軍が亡くなった事で、アッシリア軍は混乱し、ひとまずユダヤの地から退却します。

こうしてユダヤの地は、元の静けさを取り戻し、彼女は信仰心篤い女性として、多くの人々から称賛を受けました。

カップのクイーンは、夢見る表情で盃を見つめています。

彼女は愛の為に生きています。

しかし、この愛は、夫への愛なのか、信仰への愛なのか、彼女自身よく判っていません。

カップのクイーンは、優しさ美しさと共に、愛の為なら人を殺す事をいとわない狂気を秘めています。

キング

絶大な権力を持ち、時には寛大に、時に残酷に、いともたやすく人間の運命を動かすのがキング。

金もあるし兵士を使うのも自由。コートカードの中でキングは一番強い力を発揮します。

キングは、自分では動きません。

家来の目の前で指を動かすだけで、世の中を大きく動かせます。

王の命令は絶対的な力を持つのです。

キングのカードが出た時は、問題が力強く一気に解決に向かって動き出す事を示しています。

ワンドのキング　アレクサンダー大王

人懐っこい笑みを浮かべるワンドのキング。この雰囲気に惹きつけられ、多くの人々がワンドのキングの家来になろうとします。彼はゆったりと椅子に腰を下ろします。ここから彼の支配が上手くいっていて、国の未来は明るい事がうかがえます。

大体のイメージ

正位置▽自信家　経営者　権力者　成功　学者　豊作　遺産相続　父　祖父　師匠
仲間と協力して成功をつかむ　アイデアが閃く　陽気さ

逆位置▽ワンマン経営者　暴君　赤字経営　知ったかぶり　不作　遺産の争い
誇大妄想　家庭内不和　倒産　乱れた生活

ワンドのキングのモデルは、東方遠征で有名なアレクサンダー大王です。

彼はマケドニアという小国の王で、亡き父の東方遠征の夢を引継ぎ、周辺諸国を征服します。

そうして当時、世界最強と言われたトルコ帝国をわずかな人数の軍隊で破り、一気にその名をとどろかせました。

権力を手にしてもおごり高ぶらず、捕虜には寛大な態度を見せたアレクサンダーは、今日でも王の手本とされている人物です。

ワンドのキングは、明るくて豪胆で、人望あふれる王様です。

若干、物事を根性論で語る欠点はありますが、他の王と違い、相談を持ち掛けられたら、部下の目線で一緒に考え、問題解決に動いてくれる気さくな王様です。

コインのキング　ジュリアス・シーザー

自分の業績を刻みつけた金貨を誇らしげに掲げるコインのキング。

豪華な衣装に大粒の宝石を身にまとい、黄金の鷲の椅子に座り、これでもかと自分の富を見せつけています。

けれども彼の眉間の深いしわは、ここまでになる為の、長い苦難の歴史が刻み込まれています。

大体のイメージ

正位置▽社会経験のある男性　実業家　個人事業主　多趣味　読書好きな人　的確な助言

常識があって大きな夢を持つ人　苦労人　職人の親方　現場監督

逆位置▽計算高い人　陰謀　莫大な金額の損失　腹黒さ　人の意見に耳を貸さない

頑固で融通が利かない人　現実を見ようともしない人

コインのキングのモデルは、ローマの英雄ジュリアス・シーザーと言われています。

彼は一応は名門貴族出身ですが、実家は富裕というわけではありませんでした。

その中で彼は、知恵と胆力をエネルギーにして、出世街道を走り続けます。

ただ、彼は野心だけの人ではなく、多くの女性達とのラブロマンスや、詩をたしなみ、ある時は芸術家、ある時は音楽家など様々な顔を持ち合わせ、多くのローマ市民から愛されました。

やがてローマ議会のトップについた彼は、晩年はその絶大な権力を危惧され、他の議員から暗殺という最期をとげるのです。

コインのキングは、権力と富の象徴である黄金の鷲に寄りかかり、誇らし気にコインを掲げています。このコインには恐らく、彼の業績がびっしりと刻まれている事だと思います。

ソードのキング　ダビデ王

簡素すぎる部屋で、ソードのキングは剣を構え、敵襲に備え椅子に浅く腰掛けます。過剰なまでに敵を意識し、鎧や武器で身を守ろうとするソードのキング。本当は臆病な人であるけれど、プライドが高すぎて周囲に助けを求めることが出来ないのかもしれません。

大体のイメージ

正位置▽権力を持つ男　訴訟　人を威圧する　革新的思想　学問で権威をもつ　軍人　警察官
効率的に仕事を進める人　成り上がる　アイデアがひらめく

逆位置▽暴力的男性　危険　悪意　戦争　大きなトラブル　暴力団　身内での争い
成功と引き換えに人望を失う　孤独　愚かな考え

ソードのキングのモデルは旧約聖書の英雄ダビデ王だと伝えられています。

ダビデは羊飼いから身を起こし、戦場では羊飼いの杖と石粒を武器に勇敢に戦いました。

やがて神の祝福をうけてイスラエルの王になり、祖国発展のため、善政をしき名君と讃えられます。

ダビデが王になってからしばらくは、イスラエルの人々の暮らしは豊かになりました。

しかし、あまりにも長い期間王座についていたせいで、彼は傲慢になり、部下の妻に子供を孕ませてしまいます。

彼はその人妻を溺愛し、

「お腹の子供を次の王にする」

という約束するのですが、そのせいで王子から命を狙われるようになってしまいました。

晩年は自分を暗殺しようとした王子を殺害し、それを後悔しながら息を引き取りました。

ダビデは人生の中盤までは、寛大で勇敢な王として、名を馳せました。

ある時など、先代の王が自分の命を奪いに来た時、彼は王を許し帰した程です。

ソードのキングが、黄金の鎧をまとい、出陣の時を待っています。

王の周りは、張り詰めた静謐な空気に満ちています。

味方の兵士すら、ソードのキングを警戒し恐れているのです。

カップのキング　神聖ローマ皇帝シャルル・マーニュ

地上の権力を示す笏と、神の奇跡をもたらす聖杯、両手に持つカップのキング。
彼は自らを、「王者」ではなく「神の下僕」と称し、徳によって王国を治めようとします。

大体の意味

正位置▽宗教家　博愛主義　芸術を愛する　高齢の温和な老人　平和主義者　インテリ男性　大きなエネルギーの流れで基礎を固める　文化や文明を創る　秩序を作り出す

逆位置▽肉体労働を好まない　偏った愛　怒りっぽい　侵略　差別主義者　侵略　現実的な問題に無関心　同調圧力を作り出す　若い人の意見を認めない

カップのキングのモデルは、ヨーロッパ文化の父、シャルル・マーニュ大帝です。

彼は初代神聖ローマ帝国の皇帝で、最盛期はほぼヨーロッパの全てを支配しました。

シャルルは、人生の全てを戦場で過ごした豪傑です。

王自らが戦の最前線で剣をふるい、結果ヨーロッパを席巻していたギリシャ正教を追い払い、代わりにカトリック教会を普及させました。

その後シャルルは命がけで手にしたであろう、略奪した領地や財宝を、気前よく教会に寄付しました。これによりカトリック教会は、絶大な力と富を手にする事ができたので、褒美としてシャルルに「神聖ローマ皇帝」を名乗ることを許したのです。

戦争に明け暮れたシャルルですが、意外な事に彼は、「平和な世界」が来る事を望んだそうです。そその世界を作るためには教会の強力な求心性が必要と、周囲に話していました。

カップのキングがゆったり机に寄りかかり、聖杯を掲げています。

この盃の中にたっぷり詰まっているのは、神への信仰心なのです。

彼が寄りかかる机には、王権の象徴グリフォンが刻まれ、カップのキングの力が揺るがない強大なものである事を示しています。

実占例

大まかなカードのイメージがつかめたら、実際に占ってみましょう。

理論を詰め込む事よりも、何度も占って行くうちに、なんとなくのカンがつかめると思います。

ここから書く事は、どちらかというとプロ占い師として活躍したい、という人へのアドバイスとしてお受け取り願います。

占う時の心がけ

1 占う相手からは必ず報酬を貰いましょう。
仮にあなたが「タダで占います」と宣言した時、相談者は「タダで占う人なのだから」と、占い師を軽く扱います。あなたが心を込めてアドバイスを出しても、相談者は真剣に耳を貸しません。

なので誰かを占う時は、必ずお金か何がしかの報酬は請求しましょう。

お金のやり取りが発生する事で、相談者は元を取ろうとして、真剣にあれやこれや占い師に質問しますし、占い師も報酬に見合うだけの結果を出さんと、占いに集中する結果となります。

お互いの協力により、結果として相談者の納得のいくアドバイスを導き出せるというものです。

2 占う時は「何に対して占うのか」的を絞りましょう。

相談者から、いつ、どこで、誰が、何を、どうしたか？　どうしてほしいか？

きっちり本音を聞き出しましょう。

実はこの「聞き出す」能力が、一番占いの現場で難しかったりします。

相談の本質を見つけ出し、適切なアドバイスを出さねば、「この占い師、的外れなアドバイスを出す」と、不名誉な評価をつけられてしまいます。

カウンセリングに関しましては、生配信の相談コーナーの話術を参考にしましょう。

3 頭を空っぽにしましょう。

固定概念や思い込みがあっては、インスピレーションは生まれません。

普段から、禅やヨガのような、心を無にするトレーニングなどしましょう。

4 占い以外の知識や教養を増やしましょう。

リーディングの幅を広めたり、深く解釈するために、占い以外の知識を増やしましょう。

広く浅く色々なジャンルの本を読んで、閃きの元となる情報を広げてください。

5 カードの意味を暗記ではなく、**大体のイメージ**で解釈しましょう。

スプレッドの紹介

ケルト十字法

タロットカードの一番有名な展開方法です。
これは漠然とした悩みや、外的な要因が強く絡む状況で、将来はどうなる？
という悩みに、最適の答えを出す占いだと思います。
この展開法は使用するカードは、大アルカナのみで十分です。

①現在の状況
②その問題を阻む要因
③表面的な本人の意志や希望
④本人の深層心理　又は③の原因
⑤問題に関しての過去
⑥未来の姿
⑦客観的な相談者の姿
⑧相談者を囲む状況
⑨質問の可能性
⑩最終結果

展開図　ケルト十字法

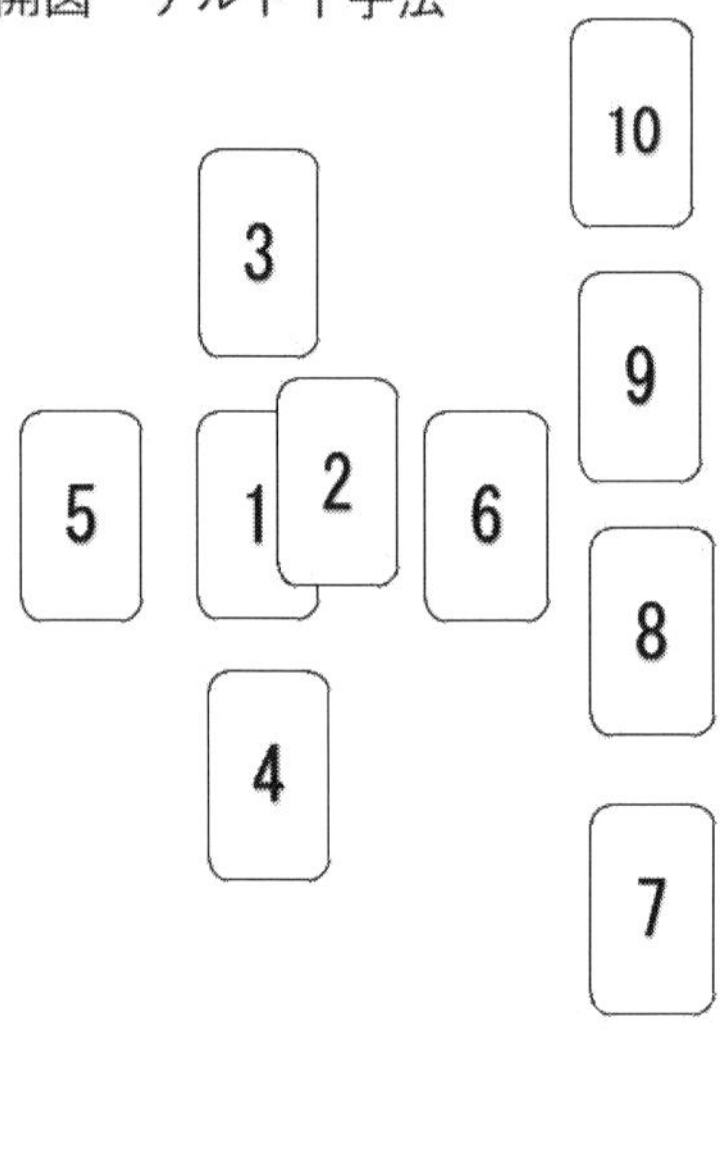

相談内容：売れっ子作家になりたい

ライトノベルを執筆して、同人誌即売会などで本を販売しています。現況はイベントでそこそこ売れている方だと思っています。ファンもついてきました。

とはいえ、アニメや漫画の原作として作品が採用された人の話を聞くと、羨ましくてたまりません。私も、一日も早くメジャーデビューの仲間入りを果たしたいです。

少し前から友人の助言で、過去に出した本を持って、大手出版社に持ち込みをしています。

反応は今一つなのですが、果たしてこの方法で、私は売れっ子作家になれるでしょうか？

①現状　恋人　逆位置

恋人のカードは、夢と不安とが入り混じったカード。逆位置になっているという事は、不安の部分が拡大されていそう。相談者自身、「自分の願いは叶わない」と思っているのか。

願ってもかなわないと考えつつ、甘美な夢を追い求めふわふわしている状態。

②問題を阻む要因　運命の輪　逆位置

気まぐれな運命の女神が回す運命の輪、逆位置という事は車輪が不幸という方向へ回りそうです。

又は、本人が望む結果は、時間がかかる事を意味しています。

③本人の希望　　節制
節制からイメージできるのは、ほどほどの結果又はエネルギー制御。

相談者は実は、最初から大ヒットを期待していないようです。

逆位置はRと表記

売れっ子作家になりたい

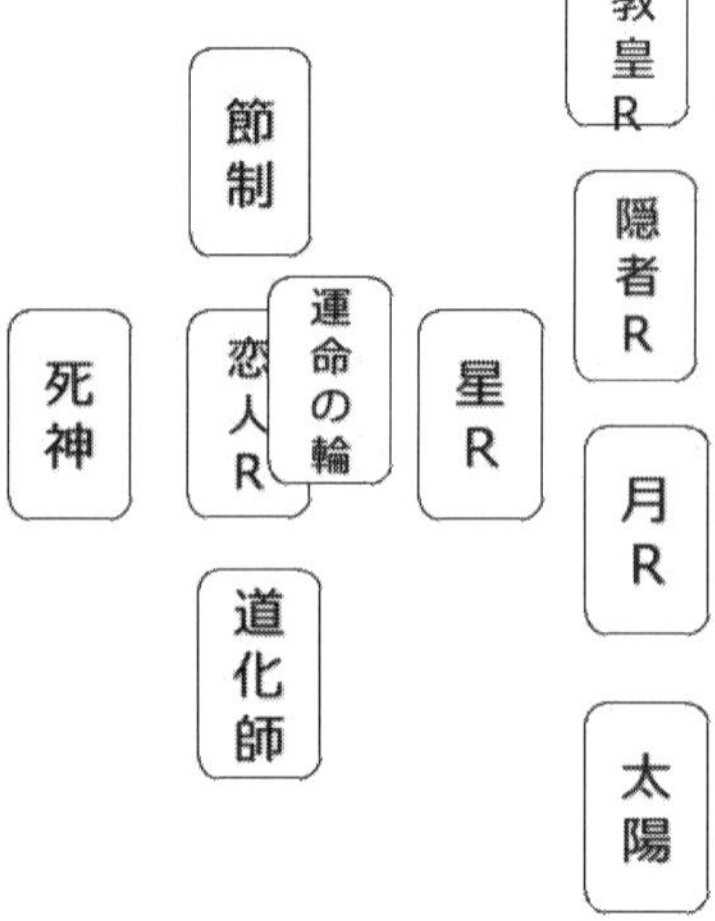

④③の原因　　道化師
道化師はいたずらっぽい顔をしています。

この場合は話に出た友人でしょうか?

「出版社に持ち込むと、本が面白いように売れるよ。即売会の収入なんかあほらしくなるよ」

無責任な、根拠のないアドバイスを相談者に吹き込んでいそうです。

相談者も、そこを薄々感づいているので、自分が成功する未来がイメージしにくいもよう。

⑤過去　　死神
草木も生えぬ不毛の大地が死神のカード。占い師に「そこそこ売れる」と伝えた相談者さんですが、メジャーな即売会の作家さんから見ると、実は売れていない部類の作家さんでは。

⑥未来の姿　　星　逆位置
星の意味は「希望」、逆位置というのは、希望の世界はまだ遠いのか。

はるか遠くに、光り輝く世界があるのに、自分がそこにたどり着けないもどかしさ。

⑦客観的な相談者の姿　太陽
太陽のカードは芸術的才能、華やかさ。ギリシャ神話のアポロンは、芸術全般の守護神です。

相談者の作品は、これまで沢山は売れなかったでしょうが、読んだ人を魅了する文章力は持っていそうです。

作家としての地力はありそう。

⑧周囲の状況　　月　逆位置
月はぼんやりとした不安、逆位置によりより凶意は強められています。親切そうに近づく友人が、相談者を混乱に陥れる為、いい加減な情報を吹き込んでいる、と読み取れます。友人達は相談者の失敗を期待しているのかも知れません。その理由は、妬み。

⑨質問への可能性　隠者　逆位置
目的の為に静かに目的地を目指す隠者。逆位置なので、「作家として生活できる未来」に達するには、目的地ははるか遠く、という意味です。

しかし、隠者は「大切なものを隠すため進む」という意味。

未来の相談者は作品を書き続け、実績を残しそうです。

⑩最終結果　　ジュノー（女教皇）

ジュノー又は女教皇のイメージは、生真面目で未熟。

正位置の女教皇は、はるか遠くをまっすぐ見つめています。

相談者が望む着地点は、遠くに必ず存在する、時間はかかるが成功は約束されているようです。


（結　果）


周囲の勧めを信じすぎないようにしましょう。

友人の「持ち込みすれば儲かる」という情報は、出所はどこなのか、確認の必要があります。

もしその友人が作家仲間だとしたら、儲かる話を他人に教えるわけありません。

とはいえ、あなた自身も、無謀な夢は見ていないご様子。

そして「大儲けは無理だけど、作品を発表したい」という意志は、強く感じられます。

今、あなたの作品を読んだ人達は、その世界観に惹きつけられています。

将来のメジャーデビュー、可能性は十分あるので焦らなくて大丈夫。

大切なことは自分の作品に愛情を持つこと、最終結果の女教皇は告げています。

ホロスコープ展開法

ホロスコープ展開法

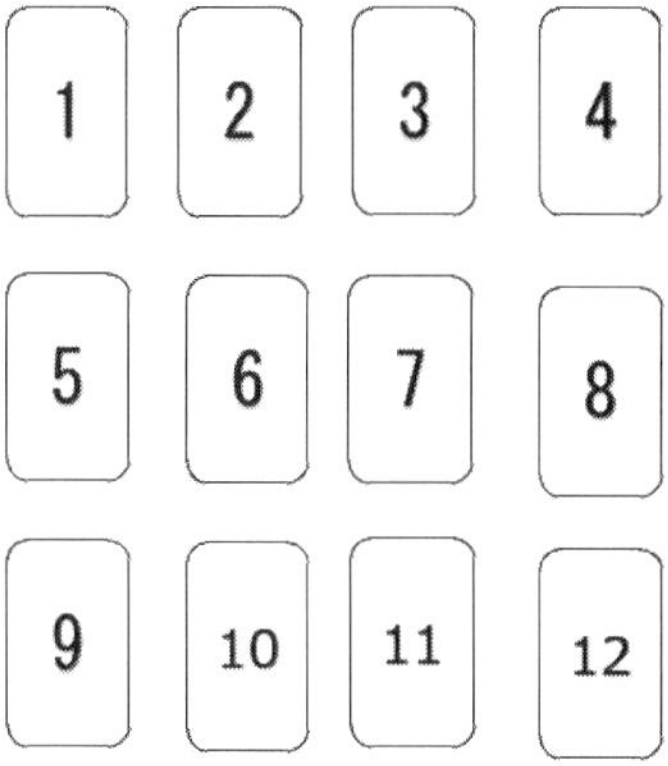

西洋占星術のホロスコープのハウスシステムを取り入れた占い方です。占星術の知識を持っている人なら、色々応用が効くでしょう。特に、失せ物探しなどで強い力を発揮します。

使用するデッキは、小アルカナのみがおすすめです。

カードをシャッフルし順に並べるか、任意のカード12枚を選ぶか、自由に置いて下さい。

①1室　その質問の全体的な方向性　又はその人の第一印象　東の方角　に関する事
②2室　探し物　宝物　才能　肉体的な事　家族　に関する事
③3室　発言内容　欲しがっているもの　車や乗り物の動力部
④4室　地面　支えるもの　集団の性格　母親　目に映るもの　北の方角
⑤5室　恋愛　才能　娯楽　出産　芸術
⑥6室　我慢や努力する事　病院や役所のような窮屈な空間
⑦7室　結婚　相棒　目に映るもの　一対一で向かい合う人　評価　西の方角

⑧8室　心に隠してある事　情熱　死　先祖　墓　遺産　性的快感　研究　深く潜る場所
⑨9室　憧れの場所　外国　美術　高等教育　研究　目標とする地点　チャンス　宗教　哲学
⑩10室　社会的な名声　仕事運　父親　権力　成功　南の方角
⑪11室　権威　友情　知性　求めているもの
⑫12室　問題に対してのアドバイス　捨てるもの　相談者が気が付かない敵

自転車の鍵はどこに？

昨日から自転車の鍵が見当たりません。普段しまっている場所を探しましたが、見当たりません。一昨日、自転車で買い物に出て家に帰っているので、家のどこかにある筈なのです。どこを探せばよいのか、ヒントをください。

1室　悩みに対し、簡単に解決するのかどうかを示します。
ここに良い意味のカードが出れば、問題は早く解決します。
2室　所有物の状態や情報を示す場所です。良いカードが出れば、探し物の問題は解決します。
8室　隠されている場所の情報
12室　損失という意味の場所。
なぜ無くしたのか？　理由を探ります。

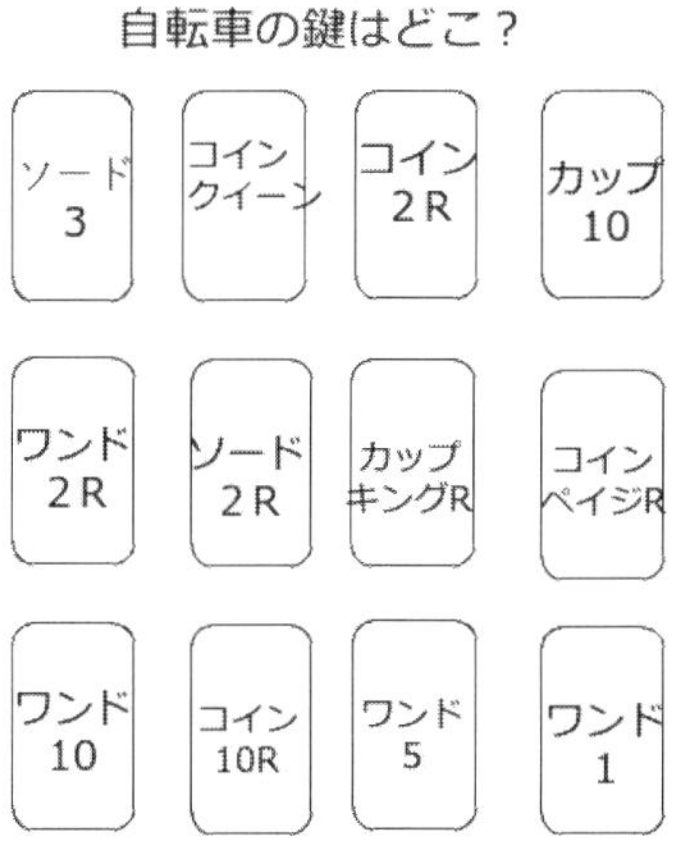

1・2・8・12室にコインかワンドが出ていなければ、他の部屋に出ているカードを調べてください。

場所のヒントは
1～3室は自分のプライベートな空間
4～6室は家族や親友等、親しい人と会う空間
7～9室は身近な外出先
10・11室は大衆の集まる場所
12室はプライベート空間又は、思いもよらない場所

と解釈しましょう。

場所の高低を特定するには、次の通り。
1～6室は低い場所
7～12室は高い場所
10室は一番高い場所又は太陽のような明るい色の側
4室は一番低い場所で暗く冷たい水のような色の側

①1室　ソードの3
ソードは風のような、実体のない物。

相談者の探し方や、ここにあるであろう、と見当をつけた場所には探し物はない。
②2室　コインのクイーン
探し物の一番重要な情報を示すハウス。

身近に探し物は存在している。コインのクイーンは庶民的で、日常を示すカード。

小銭を入れるような場所に探し物がありそう。
③3室〜7室、9室、11室　今回は省略（2室にコインのクイーンという強いカードが出た為）
④8室　コインのページ　逆位置
失せ物探しのヒントを示す8室。コインのページは、融通がきかず暗く窮屈。

つまり探し物は、暗く窮屈で、融通きかない＝硬い（使いにくい）場所にありそうです。
⑤10室　　コインの10　逆位置
探し物は高い場所、又は暖色系の物の側。光と関係する場所にある可能性。

コインの10は、なにか物がぎっしり詰め込まれ、それが探し物を見つけ難くしている事を示します。
⑥12室　　ワンドの1　　鍵を見失った理由
ワンドの1はアイデアの閃き。この場合、何か思い出し、早くそれを解決しようとして、いつもと違う手順や違う場所に紛れ込ませた可能性を示しています。

一度、いつも見る場所を思い出してみましょう。

探し物はあなたが思い出した場所以外に、必ずあります。

（結　果）

自転車のカギは、天井のフックから吊り下げたノートパソコンを入れたリュックサックの、背中側小ポケットに挟まっていました。

ノートパソコンは電気を使うので、ここから火花又は光と関係します。

自転車の鍵は、普段は大きなファスナー付きポケットに入れるのが習慣でしたが、相談者はこの時、楽しみにしていたテレビドラマの放送時間が迫っていたので、自転車の鍵をいつも入れるファスナー付きポケットではなく、背中側の小ポケットに放り込んだまま、そのまま忘れてしまったそう。

このリュックは普段から使っていたせいで、ここにはないという思い込みが働き、発見が遅くなってしまったとか。

教室の人間関係

花嫁修業の為、日舞の教室に通いだしました。

早速仲良しもできて、楽しい毎日なのですが、よく観察すると何か教室は変な雰囲気です。

皆、無理して笑っているというか。なにか、面倒な事情があるのでしょうか?

人間関係のトラブルに巻き込まれたくないので、辞めようか悩んでいます。

表面的な風景は、1・4・7・10室の状態を参考にします。

教室の人間関係

これらの室は、ホロスコープ占いでは、次のように解釈します。

1室　問題の行方
4室　身内　またはグループの雰囲気
7室　第三者から見た、教室の雰囲気
10室　社会的に教室はどんな評価なのか？

12・3・6・9室　に出たカードはそれぞれ1・4・7・10室を説明するカードです。

これら8枚の意味を読んでいって、この教室が良い場所か、どうか総合的に判断しましょう。

しかし、全体的に逆位置が多く出ているので、雰囲気的に危なそうな感じです。
カップが多く出ている事から、水独特の湿っぽい部分が強調されています。

①1室　ソードの6　　教室全体の性格
ソードの6は敗北や、不安を抱えた移動のイメージ。
少し前、この教室は何かトラブルを起こしていた筈。
仕切り直して、再スタートの直後にあなたが入った可能性があります。

③3室　コインの8　逆位置　④の理由
コインの8のキーワードは老人の知恵、悪く出ると老害ともなりますね。

新しい知恵や閃きは採用せず、自分の経験だけを信じる人の存在が感じられます。
④4室　カップの9　逆位置　組織の性格
キーワードは平和主義　逆位置ですと、見て見ぬふりという意味に。

古株の生徒なのか、指導者なのか、内部に絶対的権力の人物が教室に睨みを利かせています。

多くの生徒さんは、面倒事に巻き込まれたくないので、教室内のトラブルを目撃しても完全沈黙。
⑤6室　カップのクイーン　⑦の理由
カップのクイーンは未亡人ユディトがモデル。

優しい母で愛する者を守るためならどんな危険な事も厭わない情熱家。半面、客観視できない人。

例えば、この教室の講師か幹部の母親など、教室の運営に深く関わってはいませんか？

その人自身は悪気は全くないのですが、自分が良かれと思って出した様々な助言が、その教室の人間関係に、
相当の亀裂を入れている筈です。
⑥7室　コインの7　教室の世間からの認知のされ方
コインの7は良いタイミングで機能的に物を動かすという意味。

ご近所の方々からは、相当良い評価を得ているようですね。
⑦9室　ソードの1　逆位置　⑩の理由
ソードの1は芽生えたばかりの知性や未熟なコミュニケーション能力。

コミュ力不足で、人間関係にひびが入った可能性も。

⑧10室　カップの5　逆位置　　社会的な評価のされ方
カップの5のキーワードは後悔。逆位置になっている事から、より凶意は強くなっています。

教室の方針について、中心人物が他者に自分の思いを押し付けたり、相互監視が元で参加者が次々辞めていったとかの過去が浮かびます。

⑨12室　ソードのクイーン　①の理由
ソードのクイーンは冷たく、孤独で、気位の高い女性です。

生徒の中に年配で、潔癖症で、口うるさい人がこの教室の実権を握っています。

それゆえ、生徒は失言を恐れ、教室内では妙な緊張があるようです。


〈結　果〉

何度もカードに「口をはさむ年配女性」の存在が浮かび上がります。その人物が講師よりも発言権を持っていて、生徒に命令などするから、この教室は過去何度も解散の危機に会っていた可能性があります。

女同士の面倒な人間関係の軋轢に悩みたくないのなら、辞められる事をお勧めします。

1枚引き
簡単そうに見えて、実はカードの意味を理解していないと質問に答えられない、奥深い占い方です。使用するカードは大アルカナのみがおすすめ。
雑談をしながら質問者の環境を探り、質問の的を絞り、最終的に1枚のカードを引きます。

商売の行方は？

長年の夢である自分の店を出しましたが、客がさっぱり入りません。自分に商才はないのか自信を無くしそうです。

（結　果）

出たカードは、ジュノー（女教皇）逆位置。

正位置のジュノーは遠くを強い視線で見つめるのに対し、逆位置のジュノーは、問題から目を背けています。つまり相談者の内心は、商売を行う気が失せているの筈。

ジュノーは、物質的豊かさには背を向け、理想を追い求めるカード。

相談者の経営に対する姿勢も、金儲けを求めているわけでなく、実は別ジャンルでやりたいことが存在しているようです。

相談者がやる気を本当に失っていると確認したら、店舗経営はやめた方が良い、と伝えましょう。

あとがき

1JJによせて

世の中に出回っているタロットカードの中で、「一番好きなカードは何?」と尋ねられましたら、私は間違いなく1JJスイスタロットをあげる事でしょう。

理由は何と言っても、紙の手触り感と印刷が美しい事です。

色々タロットを集めてきましたが、良いタロットとは「美しさ」だと思います。

さて、この1JJカード、解説書執筆の道のりが、想像以上に険しかったです。

その最大の要因が、詳しい研究書が、日本はおろか海外にも存在しないこと。

「絵柄が古いし、日本で一番最初に販売されたタロットだから、大昔から存在している正統なマルセイユ版なんだろうなあ…。

きっとアメリカかフランスかスイスのアマゾンとかに、専用の研究本とかあるだろう…」

と思い、長期間海外サイトやブログを検索し、情報を探るも有力な情報は見つからず。

占い研究家に大人気のカモワンや、一般のマルセイユ版の解説書は、何冊も出ているのにも関わらず、です。

1JJに限っては、イラストを描いたのが誰なのかも、一切情報がないのです。

更に

「死神の図の背後にある、結婚式の羊羹のような三角形は何だろう? ピラミッド? 中世の人がなぜエジプトのピラミッドを知っているんだろ?」

「女教皇はヘラが描かれている筈なのに、ミニ丈のワンピに裸足、頭には簡素な帽子。神々の女王のヘラが、なぜこんな質素な姿を？」

「そもそも1JJって何？　ブランドのロゴ？」

その他、細かい「なぜ？　なぜ？」の疑問が、図像を調べると浮かぶばかり。

タロットを「トランプ起源」で解説書を書いてみようと思いましたが、色々な謎に遭遇し、やはり「タロットはエジプト起源説」を元とするべきだろうか？　と迷いまくりました。

が、それがあるタロット研究家にお会いして知らされた衝撃の事実。

「それ、マルセイユ版の亜流だよ。正統版じゃないよ」が一人目、

「1970年代作られたカードですよ」が二人目のお言葉。

「1JJはジュノーとジュピターのカードが入っているから1JJ言うんだよ。ブザンソン版で検索するといろいろ出てくるよ」三人目のお言葉。

（わからないことがある時は、人に尋ねるのが解決の早道という、良い事例でした）

「1970年代は権利問題が緩い時代だから、出版の世界でもイラストレーターの名前が入っていない場合が多いんです。普段は別のジャンルでイラストを描いている人が、生活の為ライバル社で絵の仕事を受けた時、あえて名前は公表しないとか、漫画業界あるあるです」四人目のコミケ作家さん。

私が頭を悩ませたマークは、普通にピラミッドでした。

ヘラがミニ丈ワンピに裸足である理由も70年代という事で妙に納得です。古い時代のブザンソン版のヘラは、まさしく神の女王にふさわしく、黄金の冠を結い上げた髪に載せ、七色を衣を空中になびかせていますが、ミューラー版は少年のような女らしさを一切排除した服をまとい、遠くを強い視線で睨みつけています。それ

は70年代の、ウーマンリブ運動活動家のように、です。
70年代、この時代は欧米で自由の嵐が吹き荒れていました。長引くベトナム戦争への反発で、伝統的な価値観に人々が疑問を持ち出すのもこの時代です。
68年ブロードウェイミュージカルで「ヘアー」が上演され、ベトナム戦争を痛烈に批判し、
69年コメディ番組「モンテイパイソン」イギリスで制作、中世の英雄譚を徹底的におちょくり倒し、
70年にジーザス・クライスト・スーパースターが上映され、それまでの
「イエス・キリストと教会の教えこそ全部正しい！」という、保守派思想に対し
「教会やイエスって本当に正しいの？　12使徒、ユダ以外全員暴走してるよ」
強烈なメッセージを突きつけたり、とにかくいろいろエネルギッシュな時代でした。
ヘアーとか、よくあの「ベトナム戦争、異論許すまじ」の時代、上演できたなあと。
現代に置き換えると
「ウクライナ戦争、本当に全部ロシアだけが悪いの？　和平交渉とか停戦求めたらだめ？」
言うようなものです。
西部劇の「ソルジャー・ブルー」も上映されたのがこの時期。
その当時、アメリカの教科書では
「正義の白人騎兵隊と残虐なインデイアンが開拓時代戦っていて」
と記載されていたそうですが、製作者ラルフ監督はインデイアン達の視点から見た世界を描き
「白人側に原因がある。インデイアン達は追い詰められて、白人に戦いを挑むしかなかった。残虐さなら騎兵隊だってインデイアン殺しまくったでしょ」

と、保守歴史家に反論します。

70年台のカルチャーは、それ以前に構築された、権力者や保守派が『正義』と定義づけたものに、無条件で従う事こそ善という価値観に、ノーを突きつけます。

「その正義、本当に正義なの？　立場が変わると、正義って揺らぐんだよ」

若者は反キリスト主義になり、仏教やヒンズー教に憧れ、唯物主義を否定しヨガに熱中し、ニューエイジカルチャーを構築します。

世界中で超能力ブームが流行し、オカルトやノストラダムスの終末の予言本が沢山発行されました。

その時代、74年にミューラー社は1JJタロットを製作したのですが、当時の熱狂的な時代の影響を受けない訳がありません。

70年代はわが国でも、前衛的なデザインのタロットカードが沢山出されました。

西東社「タロット」やキャラメルのハイクラウン版「タロット」など、今日のタロットと見比べても見劣りしない美しさです。

現代に制作されるタロットは、占い研究家が基礎を押さえて、きっちり伝統から外れないように制作しています。それはそれは重要なのですが、70年代のタロットカードのように、

「細かい事はいいんだよ　自分が描きたいんだから！」

という無茶苦茶なノリとかあってもいいんじゃないかなあ、と思っています。

どうか、タロットを勉強される皆さんは1JJタロットから70年代の自由の風を感じとり、社会常識を壊し、自由な閃きを獲得して占いの現場に挑んでみましょう。

そういえば、占い師さんは意図してなのか？　無意識なのか？　ヒッピールックが多いようですね。

著者紹介

立夏《りっか》

会社員時代、インドを旅してカルチャーショックを受ける。
以後、マイナーとされるアジア、アフリカ、中南米の文化の研究に熱中しだす。

【著書】

The GITA deck　解説書

The New Orleans Voodoo deck 解説書

日本でいちばん簡単なマルセイユ版タロットカードの教科書

2024年1月22日　　第1刷発行

著　者——— 立夏
発　行——— 日本橋出版
〒103-0023　東京都中央区日本橋本町 2-3-15
https://nihonbashi-pub.co.jp/
電話／03-6273-2638
発　売——— 星雲社（共同出版社・流通責任出版社）
〒112-0005　東京都文京区水道 1-3-30
電話／03-3868-3275

ISBN 978-4-434-32247-1
落丁・乱丁本はお手数ですが小社までお送りください。
送料小社負担にてお取替えさせていただきます。